売れる販売員が
新人のために書いた

接客・販売の教科書

たかみず保江
接客販売コンサルタント

日本実業出版社

はじめに

本書を手に取ってくださり、ありがとうございます。

ひょっとすると、今のあなたは、接客・販売の仕事のことで何らかの悩みを抱えていたり、これからこの仕事を始めようかどうか、期待と不安で胸がいっぱいなのではありませんか？

もしそうでしたら、本書を読み終えた時、今、あなたが抱えている悩みや不安が解消することを最初にお約束します。


申し遅れましたが、私は21歳から接客・販売の世界に入り、現在は接客販売コンサルタントとして、スタッフ研修や接客・販売をテーマにした講演・セミナーの講師を務めている「たかみず」と申します。

また、コンサルタント業務を務めるかたわら、ショップでの臨店指導でスタッフを指導しながら、自ら店頭で接客・販売を行なう現役の販売員でもあります。

接客・販売の仕事をして人生の半分が過ぎましたが、ショップに立つと今でも毎回胸が高鳴ります。

ですが、こうなるまでには売れない時もたくさん経験してきました。

その経験を経てわかったこと。

それは、「無駄な経験は1つもなかった」ということです。今、思えば、それらの苦い思い出は、すべて「プロの販売員」になるための通過儀礼でした。

販売は「ちょっとしたアクション」で売れるようになります。

これまで1000人以上のスタッフを育ててきましたから、これは自信をもってそう断言できます。

そのコツを、本書には出し惜しみすることなく公開しています。ですから、あなたが今、抱えている悩みや不安も一時的なものだと考えてください。

本書のタイトルには「新人のために書いた」とありますが、実際は、接客・販売を始めたばかりの方や未経験の方はもちろん、長年接客・販売をしている方にも読みごたえのある内容になっています。

新人の皆さん！　本書の内容を実践すれば成果を出せます。明日から、いえ今日からぜひ始めてみてください。

接客・販売に興味があるけど未経験の皆さん！　本書を通じて、販売の仕事が奥深く、「面白い！」ということをぜひ知ってください。

長年この仕事をされている皆さん！　本書を、後輩を指導する時にご活用ください。販売業は、「基本の完成度を高めること」が何より大切です。新人の頃は覚えていたのに忘れていた何かが、本書を読むことできっと見つかるはずです。

そして、1章から7章まですべて読み終わった後に、「あとがき」を読んでみてください。本書の内容を、さらに良い形でインプットしていただくための、とっておきのアドバイスを1つ書いています。

また、本書は上段が通常の解説文、下段が元店長の経験を活かして厳しく書いた「本音のアドバイス」になります。参考にしてください。

いつの日かあなたが接客・販売の仕事を心から楽しみ、あなたの人生がもっと豊かになるお手伝いを、どうぞ私にさせてください。

それでは、キラキラと輝くあなたの未来のために、本題に入っていきましょう。

販売職の「お仕事」年間フロー（婦人服の例）

9	10	11	12	1	2	月
実売期（売れる時期） (^o^)			閑散期（売上低迷期） (T_T)			
秋冬商品のコーディネート提案の強化。ウール以外のコートは気温に関係なく積極的に提案。ウールのコートは10月末からお勧めする			次の実売期までの種まきの時期。定番の商品が売れる時期なので、ベーシックな商品を積極的にお勧めする			接客の仕方
秋トレンド品（ファッションリーダーが来店する時期）	通勤着 秋トレンド品	コート ニット	コート プレセール品	本セール品	春定番品	お客様のニーズや傾向

販売員のモチベーション

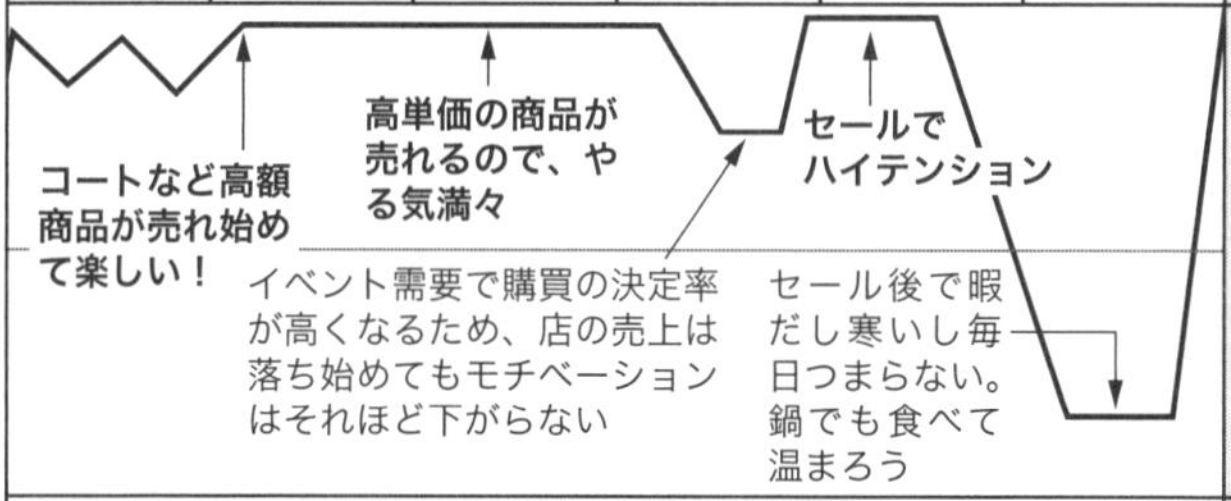

コートなど高額商品が売れ始めて楽しい！
高単価の商品が売れるので、やる気満々
イベント需要で購買の決定率が高くなるため、店の売上は落ち始めてもモチベーションはそれほど下がらない
セールでハイテンション
セール後で暇だし寒いし毎日つまらない。鍋でも食べて温まろう

店長の"忙し度"

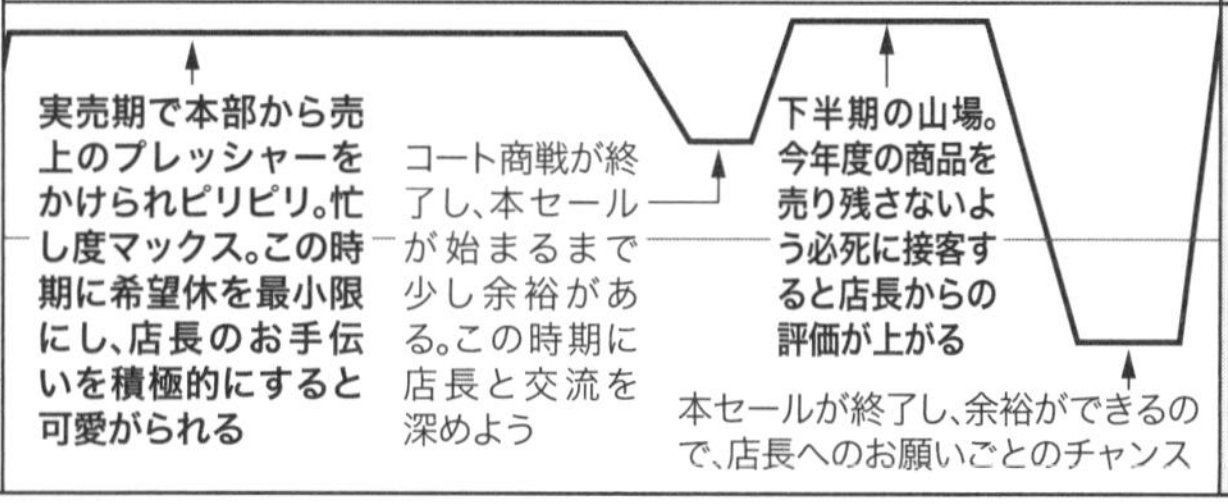

実売期で本部から売上のプレッシャーをかけられピリピリ。忙し度マックス。この時期に希望休を最小限にし、店長のお手伝いを積極的にすると可愛がられる
コート商戦が終了し、本セールが始まるまで少し余裕がある。この時期に店長と交流を深めよう
下半期の山場。今年度の商品を売り残さないよう必死に接客すると店長からの評価が上がる
本セールが終了し、余裕ができるので、店長へのお願いごとのチャンス

１年間の流れをしっかり押さえよう！

月	3	4	5	6	7	8
	実売期（売れる時期） (^o^)			閑散期（売上低迷期） (T_T)		
接客の仕方	コーディネート提案の強化。スプリングコートの売り時は３月末まで			次の実売期までの種まきの時期。お客様が気になっていそうな商品は品番を紙に書いてお渡しする		
お客様のニーズや傾向	入学入園 卒業卒園	通勤着 春トレンド品	結婚式	結婚式 プレセール品	本セール品 晩夏商品	初秋商品 （顔見知りのお客様が来店する時期）

販売員のモチベーション

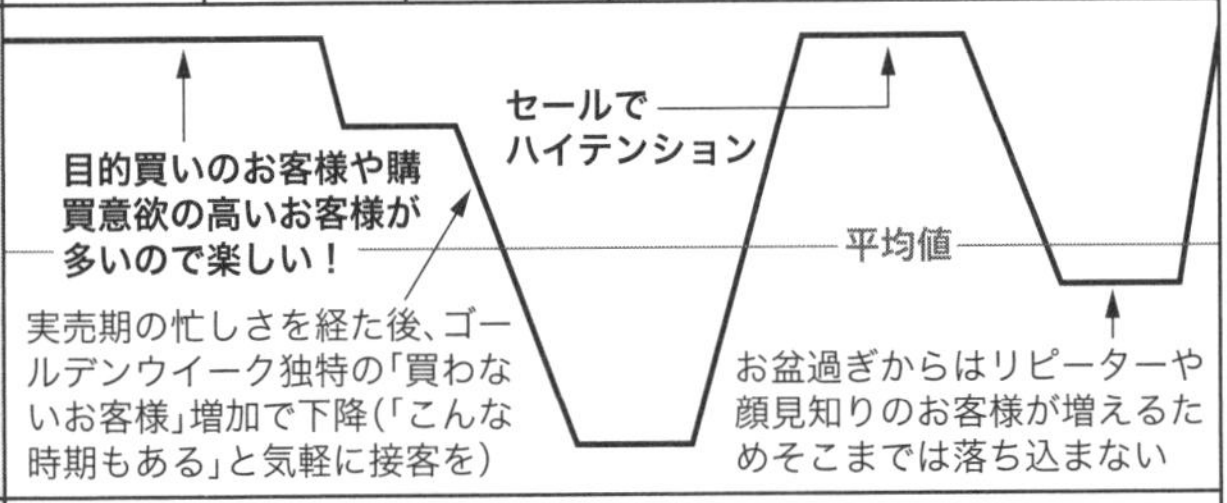
目的買いのお客様や購買意欲の高いお客様が多いので楽しい！
セールでハイテンション
平均値
実売期の忙しさを経た後、ゴールデンウイーク独特の「買わないお客様」増加で下降（「こんな時期もある」と気軽に接客を）
お盆過ぎからはリピーターや顔見知りのお客様が増えるためそこまでは落ち込まない

店長の〝忙し度〟

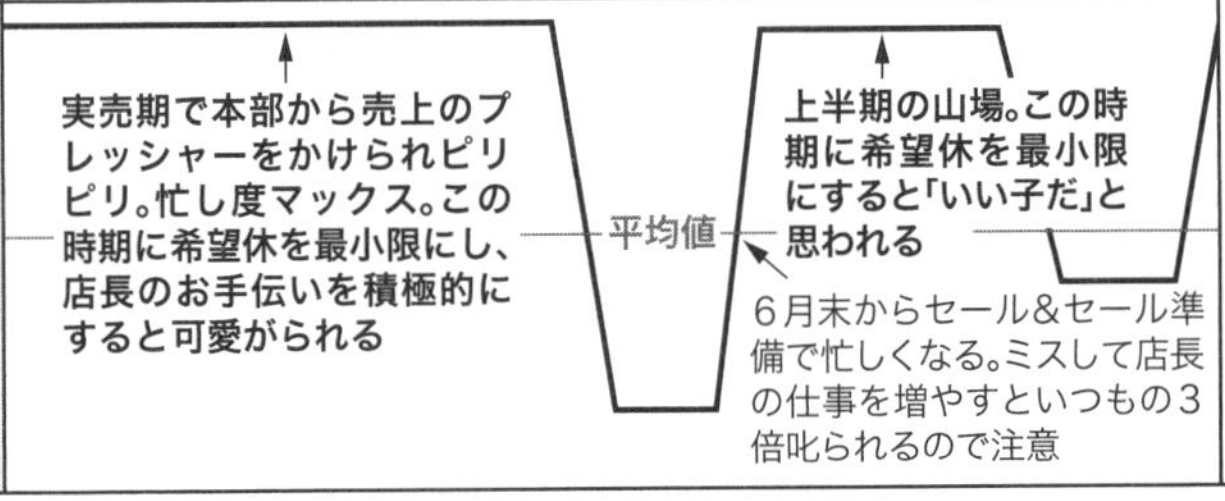
実売期で本部から売上のプレッシャーをかけられピリピリ。忙し度マックス。この時期に希望休を最小限にし、店長のお手伝いを積極的にすると可愛がられる
平均値
上半期の山場。この時期に希望休を最小限にすると「いい子だ」と思われる
６月末からセール＆セール準備で忙しくなる。ミスして店長の仕事を増やすといつもの３倍叱られるので注意

目次

chapter 1 お店に立つ前のちょっとしたアクション

chapter 2

お客様にアプローチする時のちょっとしたアクション

chapter 3 お客様のニーズをつかむ時のちょっとしたアクション

chapter 4 店内にお客様がいない時のちょっとしたアクション

chapter 5 クロージングで購買につなげる時のちょっとしたアクション

chapter 6 お会計・お包み・お見送りの時のちょっとしたアクション

chapter 7 販売研修でよく受ける質問トップ10へのアドバイス

カバー・本文デザイン　吉村朋子
イラスト　東山容子
本文ＤＴＰ　一企画

chapter 1

お店に立つ前のちょっとしたアクション

1

「ふう～」アクセルを踏む前のひと呼吸が大切

＊お店では冷静でいることが大切

お客様にはいろんな方がいます。入ってくるなり自分のことや家族のことをあれこれ話す方がいらっしゃれば、こちらが何を話しかけてもまったく応じてくれない方もいます。

その様々なお客様に応じて対応していくのが、私たちショップスタッフです。

ショップスタッフとしての1日が始まる前には、まず「ふう～」と大きくひと呼吸ついてからお店に立ちましょう。そうすることで、落ち着いて1日のスタートを切ることができます。

ショップスタッフはお店で起きることに冷静に応対することが求められます。

「ふう～」と呼吸をする時は、体中のものを入れ替えるような気持ちで思いっきり吐き出すことがポイントです。

こうすることで、「眠いな」「疲れたな」「今日はどれくらい売れるのかな」などなど、**さっきまで考えていたことが、すう～っと遠くに感じられる**でしょう。

冷静な応対
何か起きるたびにショップスタッフが慌てたり驚いたりしているとお客様は「大丈夫？」と不安になるわよ。お客様にとっては、新人も店長も同じショップスタッフ！このことを覚えておいてね。

不安を排除
思いっきり吐き出すと頭がすっきりして、さっきまで「どうしよう」なんて思っていたことも、「ま、いいか」に変わるから不思議。

2

休憩室には余裕をもって15分前に入ろう

＊予習とイメージは絶大な効果

私はショップスタッフの頃、お気に入りのパン屋さんで買ったパンとおいしいコーヒーを持参して、休憩室に30分前に入っていました。

朝の休憩室は、お昼時や午後休憩の時間帯と違って窮屈感がなく、居心地がいいのです。

休憩室では、腹ごしらえをしながら、お客様との約束やお店に入って**朝一番にやることをイメージ**していました。するとと、今日やることを予習した感覚になって、とても安心するのです。

朝一番にやることをイメージ
よくスポーツ選手も「イメージトレーニングが大切」って言っているけど、それと同じ効果があると思うわ。特に1日やることを考えた最後に、「やった～！　今日も売れちゃった～！」なんて喜んでいるところをノリノリでイメージすると、閉店後、そのイメージを実現させた自分がいたりするの！

こうした行動習慣を持っていると、お店に出た瞬間に約束していたお客様がいらっしゃっても余裕の笑顔でご挨拶ができます。

「30分前なんて早すぎる！」と感じる方もいるかもしれませんね。その場合は15分前がお勧めです。好きな飲み物を飲みながら、今日をイメージしてちょうどいいくらいの時間です。

3

タイムカードを押してから制服に着替えるのはNG

＊ギリギリの出勤はアウト！

いろんなスタッフと仕事をしてきましたが、よく見かけるのが、「タイムカードを押してから制服に着替えるケース」です。

そうした行為は、決まって**ギリギリに出勤してくるスタッフ**がよくやります。

タイムカードを押すタイミングは、「制服に着替えた後」「制服に着替える前」など、勤務先によってルールが変わってきます。

ギリギリに出勤
ギリギリに出勤するスタッフって、その日売れなかったりミスが多いのよ！　ギリギリの出社やミスの連発に罪悪感を持ち、「私、今日はダメ」と自分を責めた結果、本当にダメな自分になるような……。ギリギリの出勤は店長にも叱られるし、そんな思いをするくらいなら、早めに出社したほうが気分がラクになるわよ。

ですが、私は必ず着替えてからタイムカードを押していました。押した瞬間に、「さ～、がんばるぞ！」と仕事スイッチが入る気がしたのです。皆さんはどうでしょうか？

そんな私ですから、タイムカードを押した後、同僚とダラダラとしゃべりながら着替えていることに抵抗を感じることもありました。

休憩室に早めに入り、今日のことを予習し、「ふう～」と一呼吸して制服に着替え、「ガチャン」とタイムカードを押す――。

ここまでやって初めて、店内での1日、「私のお仕事タイム」が始まるのです。

4

始業時間ギリギリの出勤は「セーフ」ではなく「アウト」

＊「会社の方針」を基準にする

入社時の最初の研修、もしくはお店に初出勤した時に、上司や先輩から、

「○分前出勤をしてください」

と言われることは多いですよね。

R子さん、その日は早番で始業時間は9時30分でした。会社からは「5分前出勤」と言われています。

それなのに、その日は寝坊をしてしまい、制服に着替えてタイムカードを押したら9時29分の打刻でした。

断言しましょう。この行為はギリギリ「セーフ」ではなく「アウト」です。

R子さんが勤める会社のルールから照らし合わせると、「遅刻」の部類に入ります。

「○分前に出勤してください」という意味をご存知ですか？これは、「予想外の事態が起こった時にも余裕を持って対応してほしい」という会社の考え方、つまり方針です。

ですから、事実上は1分前で間に合っていますが、会社の方針を踏まえると「アウト」です。このような場合、**上司や先輩に報告をしましょう**。

5分前出勤がお店や会社の方針であれば、8〜10分前には制服に着替えて、タイムカードを打刻していると、先輩や後輩から「キチッとしている人」という評価をもらえます。

上司や先輩に報告

「1分前で遅刻じゃないから、ま、いいか」って報告しないショップスタッフを、これまでたくさん見てきたわ。私が店長の時は、マンツーマンで叱ってた(笑)。当たり前でしょ！　会社の方針を守ることなく、しかもその報告をしないなんて、上司としたら、「何か問題があっても報告ができない子なんだ」って思うわよ。状況次第では、それがショップの大きいクレームにもなりかねない。だから厳しく叱るのよ！

5

昨日の売上やテナントの催事情報をチェックする

*自分のお給料にもかかわる情報の収集を

お店に入ったらまず最初にしてほしいことは、前日の売上を知ることです。

自分のお店がどれだけ売れているかを把握することは、お客様に商品をお売りしている販売職にとっては、いちばん気になるところですよね。

お店（会社）は、ショップスタッフがお客様に商品をお売りした金額（売上）で新しい商品を仕入れたり、テナントに家賃を払ったり、ショップスタッフへのお給料を払っています。

費目すべての金額は知らなくても、せめて、

・お店全体の売上
・自分の売上
この2つを知っておくと頑張るバロメーターにもなります。

そのほか、**自分のお店が入っているテナントで現在、何が行なわれているかは必ず把握**しておきましょう。

たとえば、「来週から○○展が開催されます」という情報や、「○日から従業員割引販売が始まります」などです。

テナントは広告などを使って催事の訴求をしていますから、お客様に「あれって何階でやってるの?」などなど、内容を尋ねられることがよくあります。

従業員割引販売もそうです。その期間は、他のショップスタッフなどから、「こちらは社割り対象ブランドですか?」と聞かれることが増えます。

テナントの情報はしっかり押さえておきましょう。

テナントの情報

これ、意外とわかってないショップスタッフが多いのよね〜。フロア内のお手洗いの場所すらお客様に尋ねられてアタフタしている人も(もう……。正気なの?)。イベントごともそう! わかっていないスタッフがとても多いわ。そして、確認時間もかかりすぎ。お客様の心理は、「なんでわかってないの? このスタッフ、大丈夫?」よ。当たり前のことを把握しとこうね。

6

「お取り寄せ」「お取り置き」など、お客様情報をチェックする

＊お客様にとってあなたは信頼できるショップスタッフ

売上やテナントの催事情報をチェックしたあとは、
・自分が担当しているお客様の**お取り寄せ**商品の到着状況
・**お取り置き**している商品の引き取り状況
をチェックしましょう。

商品の到着が遅ければ、
①商品の発送元の店舗に電話し、出荷したかどうか確認
②到着が遅くなる時は、必ずお客様にその旨お伝えする
この２つを必ず行ないます。

お取り寄せ
お客様が欲しい商品が完売していた時、他店から取り寄せることを「取り寄せ」、別名「客注」というのよ。
これ、他店に電話して担当者が「あります」と言った場合、必ず「キズがないか」を確認してもらい、品番をもう一度確認してもらうようにね。取り寄せた商品が「汚れていた」「別の商品だった」では、お客様、ガッカリするわよ。

お取り置きの期限を過ぎても商品を取りに来られないお客様には、来店のご都合をうかがう電話をしましょう。

取りに来てくださったお客様にはサンキューDMを書くなどの対応が必要です。接客したということは、そのお客様にとって、あなたは「信頼できるショップスタッフ」だったからです。それが店長でも新人でもお客様にとっては関係ありません。お客様の信頼や期待を裏切らないようにしましょう。

特に繁忙期は商品も欠品しやすいので、他店からのお取り寄せが増えます。「お取り寄せ」「お取り置き」のチェックは毎日怠らないようにしましょう。

お取り置き
お客様に何らかの事情があってその日に購入できないため、数日間その商品を未入金で取っておくことが「お取り置き」よ。期間は通常最大で1週間てとこね。
ただ、何でもかんでも取り置きにして来店しないお客様もいるから注意！「この商品に決めています」というお客様限定にしないとダメよ。だって、次に接客した方が「欲しい。今すぐ買う！」って言ったらどうするの？さらに、取り置きしたお客様のほうは1週間たっても来店しないでドロン……、では目も当てられないわよ！

7

元気のない挨拶は周りの人を心配させるので要注意

＊挨拶はショップスタッフのバロメーター

朝お店に入った時、休憩から戻った時、仕事が終わった時に、仲間や先輩に元気よく挨拶していますか?「たかが挨拶でしょ」だと思っていませんか?

先日、ある店長がこのようなことを言っていました。

いつも元気な後輩のMさんが、ある日、お店に出勤してきた時の「おはようございます」の声がとても小さかったそうです。その後、店頭でも浮かない表情、休憩から戻った時も小さな声での「戻りました」という声。

とうとう店長は、「Mさん、今日元気ないけど、どうかした?」と聞いたそうです。

すると「え? 元気ないですか?」と驚いた表情のMさん。そのあと、「あ、もしかしたら昨日のお休みにずっと外で遊んでいたので**疲れている**かもしれないです」。

それを聞いて店長は安心したそうです。

あなたの挨拶の声の大きさや表情を、先輩たちは意外とよく見ていて、心身のバロメーターにしています。**余計な心配をかけない**ためにも、いつも元気に挨拶をしましょう。

疲れている
休日に目いっぱい遊ぶのはいいけど、翌日げっそり疲れた表情と挨拶はないわよね。周りも心配するし、何より疲れた顔で接客するなんて、お客様にも失礼よ。接客業は人と人とのコミュニケーションで成り立っているんだから、自分を客観的に見る目が必要よ。

心配をかけない
先輩ってね、後輩のことが心配なものなのよ。いつもより声が小さかったり、表情が浮かなかったりすると、内心「どうしたんだろう……。辞めたいのかな……(ドキドキ)」って感じなの。心配かけないようにしてね。

8

鏡の前で「アイウエオ」と言いながら笑顔の練習を

＊笑顔は大きな強みになる

お客様にとってショップスタッフの笑顔はとても魅力的です。あなたの笑顔は**「安心できる」「居心地がいい」**というお店そのものの印象になり、お客様がお店とあなたのファンになる理由になるのです。

ということは当然、お客様は、商品がいくらよくてもショップスタッフに魅力がないとお店に足を運ばなくなります。

とはいえ、入社して間もない時は、笑顔の習慣ができていないのですから、終日店内で笑顔のまま居続けるのは難しいもの

「安心できる」「居心地がいい」
笑顔の「心理的効果」って知ってる？　相手を安心させる効果があるのよ。あなたの笑顔を見てお客様は「安心できる」と思ってくれるってこと。これすごくない？
私が思うに、嬉しい・楽しいから笑顔になるんじゃなくて、笑顔でいるから嬉しいことや楽しいことが起きるのよ。私の教え子でいつも笑顔のKさんは毎月、個人売上がお店でナンバーワンよ。

です。

そこで、お店に出る前に、「アイウエオ」と表情を動かす練習をしましょう。

そして「イ」の時に少し長めに止めることを意識して目尻を下げましょう。笑顔ができ上がります。

これを繰り返し数回行なってからお店に出ると、お客様や先輩に自然と笑顔で接することができます。

私は婦人服のお店での販売歴25年になります。店内での笑顔は習慣になっているので、いつでも口角が上がっています。**笑顔を創る**ことを意識していたら、このようになっていたので、きっとあなたも「いつも微笑んでいる人」になれるはずです。

笑顔を創る
「創る」って漢字は何もない状態からつくり上げるってこと。つまり、笑顔をまったく意識しない状態から意識して笑顔を創っていく、ってことよ。

9

気持ちが乗らない時も意識を高く

＊背筋を伸ばすと意識が変わります

私たちは感情を持つ人間ですから、どうしても気持ちが乗らない時もあります。

特に、悲しい体験や嫌な出来事があったり、先輩に叱られたりした時などは、「前向きに考えよう」と思っても、なかなか思いどおりにいかないものですよね。

そんな時の自分の姿を、鏡で見たこと、ありますか？　恐らく、猫背で目が沈んでいると思います。

「今日は気持ちがどうも乗らないな」という時は、意識を高くしましょう。意識というのは「心の眼」です。**自分の意識が、頭のまっすぐ上30㎝くらいの場所にあることをイメージ**します。

すると、背筋がきれいに伸びるようになり、姿勢がピンとするので、自然と気持ちが前向きになります。

目線は床のほうに下げず、しっかり前を見据えてみましょう。きっと、「やるぞ！」という気持ちがわいてくるはずです。

自分の意識が頭の上30㎝

好きな人にふられたり、先輩から叱られたりすると、気分が滅入るわよね〜。脳裏をよぎるのは、「あ〜、なんであんなことしちゃったんだろう」という後悔や、先輩に対しての言葉にできない怒り(笑)。たまんないわよね。わかるわかる。でもね。そんなあなたをお客様はどこかから必ず見てるわよ。

負の連鎖をストップさせるには「意識を真上」に！　自分の頭の30㎝くらい上のところでものを感じたり考えたりしてみて。前向きな気持ちになるわよ。

10

休憩時間は、お店を出た時から始まっていることに注意する

＊週末の昼休憩は特に気をつけましょう

休憩時間は、たいていのショップで、昼休憩1時間、夕方休憩30分が多いと思います。

ここに勘違いしやすいポイントが潜んでいます。

たとえば、昼休憩の時、休憩場所に到着してから、その場を離れるまでに「まるまる1時間」を使っていないでしょうか？　これでは、お店を出てから戻るまでに「1時間＋α」の時間を使うことになってしまいます。

休憩は、原則として、**お店を出た時からスタート**しています。

お店を出た時からスタート
「休憩室に到着したところから休憩時間をカウントし、休憩室を出たところで1時間」ではダメよ。まさか、「その後、お手洗いに行って歯みがきしてメイクを直してからお店に戻る」なんてことをしてないでしょうね？　これだと90分くらいになっちゃう人もいるんじゃないかしら。先輩や店長に、にらまれちゃうわよ。

この原則を間違えると、お店に戻ってくるのが遅くなり、先輩たちから心配されたり、時間にルーズなスタッフと思われてしまうので気をつけましょう。

特に週末のランチタイムのレストラン街などは、どのお店も込み合っています。できるだけテナントの休憩室や、近所の空いているレストランなどで昼食をとるようにしましょう。

そうすれば、**お店から急用で連絡**があった時にもすぐにお店に戻れます。

お店から急用で連絡
フェアなどのイベントの時って、みんな自分のお得意様を呼ぶわよね。先日、Mさんが休憩中に、Mさんのお客様がご来店されたから電話をしたのよ。すると、「すぐ戻ります」。そう返事があったわ。でも、戻ってきたのは約15分後だったの。これだと遅すぎ。そのお客様、「買うものは決まっているし、急いでるから」と、Mさんの到着を待たずに帰っていったわ。その時の個人売上は、Mさんの代理で接客した後輩スタッフの売上に（笑）。こんなことにならないようにね。

chapter 2

お客様に
アプローチする時の
ちょっとしたアクション

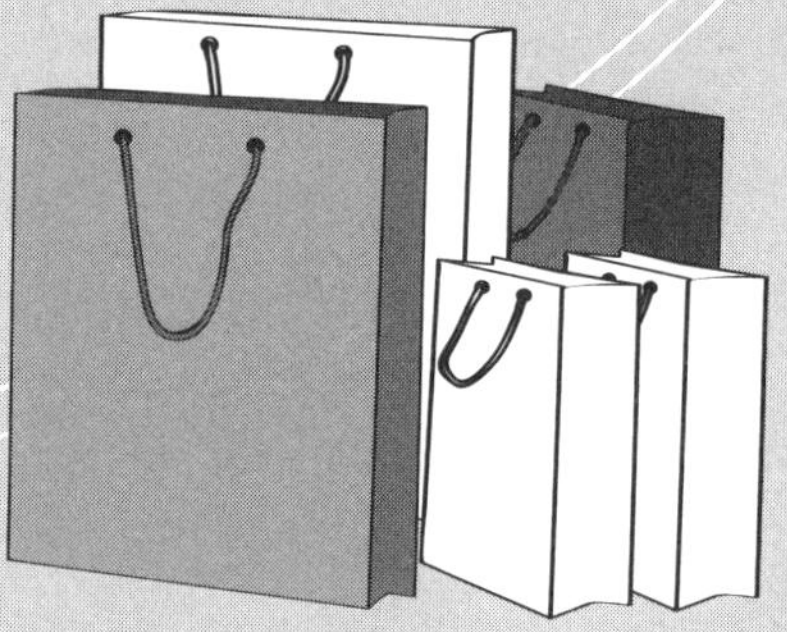

11

アプローチは2段階方式が基本

*アプローチはあなたを印象づける大切な場面

「アプローチ」とは接客販売用語。意味は「お客様に接近して声を掛ける」ということです。

このアプローチには2段階あります。

まず、お客様が入店したらご挨拶する「ファーストアプローチ」、その後、さらに特定のお客様に近づいて具体的に話しかけるのが「セカンドアプローチ」です。

販売職に慣れない人は、最初にファーストアプローチからきっちり学びましょう。

ファーストアプローチは、**入店したお客様に感じよく行なう挨拶**だと思ってください。

「いらっしゃいませ。どうぞご覧くださいませ」

「いらっしゃいませ。ごゆっくりご覧くださいませ」

などなど、「いらっしゃいませ＋○○」という言葉を、お客様に笑顔で数歩近づいて言うことです。

「いらっしゃいませ」と言わないルールのお店の場合は、**「最初に言う言葉＋もうひと言」**だと思ってください。

もし、「もうひと言」が習慣になっていないのであれば、「感じのいいひと言」を加えるとさらに好感がアップします。

たとえば、「雨の中のご来店、ありがとうございます」といった言葉をつけ加えると、お客様から「感じのいいショップスタッフね」と思ってもらえるでしょう。

次に、特定のお客様に具体的に話しかけるセカンドアプロー

感じのよい挨拶
たとえば、休憩から戻ってきたら不特定多数のお客様が店内に！ そんな時もお客様全員に数歩近づいて「いらっしゃいませー」。これもファーストアプローチよ。特定の人にフォーカスするだけでなく、入店しているすべてのお客様へのご挨拶がファーストアプローチだからね。

最初に言う言葉＋もうひと言
お店によっては、「いらっしゃいませ」ではなく、「こんにちは」という挨拶が義務づけられているケースもあります。そんな時は、「こんにちは」の後に、自分だったらなんて言われたら嬉しい？ それを考えてみてね。

チについてです。

この段階で何を話しかければいいのかというと、**「商品を見ているだけではわからないこと」**をひと言でお伝えします。

たとえばお客様がチェックのシャツの前で止まったら、

「お丈はヒップ丈くらいです」

などになります。丈は見ているだけではわかりませんからね。

反応があれば、さらにもうひと言、

「色違いでベージュとブルーがあります」

など、選択肢がほかにもあることをお伝えします。

お客様の表情が変わったり、こちらを向いてうなずいたり、商品を広げたりなど、さらに反応があれば、笑顔で近づき、商品の説明や類似品のご紹介をしてください。

この2段階方式をとらず、いきなりお客様に近づいて長々と説明を始めると、お客様は驚きますから気をつけましょう。

見ているだけではわからない

以前、教え子が70代くらいの女性が見ていたブラウンのロングカーディガンに対して、「可愛いですよねー」と言っていたのを見てガッチリ叱ったわ。「お客様の見ている商品とお客様をきちんと見なさい!」ってね。

何でもかんでも「可愛い」って言えばいいものじゃないわよ。せいぜい、お客様から「そうですね」と共感のひと言をもらって終わるだけ。だから、商品を見ているわけではわからないひと言で、相手を「ええ~っ! そうなの? この商品、なかなかいいわね」と思わせてみて。

12

「いらっしゃいませ」は手や足を動かしながら言う

＊作業中のふりをしてお客様を安心させる

お客様が入店し、ご挨拶のファーストアプローチをする時は、**手を前に重ねる**のではなく、作業するふりをしながら行ないましょう。

なぜなら、お客様はショップスタッフが思っている以上に、入店することや商品を見ることにプレッシャーを感じているからです。

手を前で重ねる
この動作をしてるスタッフがホントに多いのよ〜。「そうしなさい」と教えているショップも多いわね。手を前に重ねてるスタッフって、店内をうろうろすることに疲れると、片足に重心をかけて立ち止まる人が、また多いの。これ、NGよ。想像してみて！　とてもじゃないけど「機敏に動いて『いい接客』をしてくれる人」には見えないでしょ。

お客様が通路を通った時、ふとあなたのお店で売っている、自分の好みの商品が視界に！　店内を見ると、手を前に重ね、入り口をじっと見ているショップスタッフと目が合いました。

この時、あなたがお客様の立場だったら、プレッシャーを感じませんか？

お客様は、ショップスタッフに「さぁ、待ってました！」という感じで迎えられるよりも、むしろ作業をしているくらいのほうが入店しやすいのです。

店内で接客していない時やお客様がいらっしゃらない時は**動待機**が基本。つまり、「何かをしながら待機」ということですね。

「何かをしながら」の「何か」ですが、**簡単な確認や勉強**などがお勧めです。お客様が入店したら笑顔で手足を動かしながら目を合わせて、「いらっしゃいませ＋もうひと言」です。

動待機と静待機
姿勢正しく静止してお客様を待つ「静待機」もあるけど、これだと「売る気満々」に見えるの。だから、さりげなく動きながら、「あら、お客様、いらっしゃい」といった雰囲気が好感度◎。

簡単な確認や勉強
「タグがあるか確認」「素材を確認」「このパンツにはどのジャケットが合うか」とかを考えていると、「どんなお客様に似合うかなー」って妄想が広がるでしょ？　そんな妄想中のあなたは、お客様からは楽しそうに見えるのよ！

13

セカンドアプローチのタイミングを逃さない

＊お客様の「5つの行動・しぐさ」で判断しましょう

お客様に近づいて、具体的なことを話しかける**セカンドアプローチのタイミングに困っているショップスタッフ**をよく見かけます。

セカンドアプローチは、お客様が次の5つの行動やしぐさを起こした時がアプローチのタイミングです。

1．手の動き・足の動きがゆっくりになる
2．視線が特定の商品のところで止まった
3．商品の前で立ち止まった

タイミング
「きたっ！」と思った時にお声掛けをすることって本当に大切よ。あなたがお客様だったらどうかしら？　商品をある程度見た後に「そちらの商品は……」と説明されても返事をする？　せいぜい微笑んで軽くうなずくぐらいでしょ。タイミングを逃すと、本来は返答してくれたはずのお客様にすらスルーされちゃうわよ。

4. 足先が商品に向かって正対した

5. 商品に触れた

この時、大切なのは、すかさずセカンドアプローチのお声掛けをすることです。

タイミングを逃すと、その後、お声掛けしてもスルーされる確率が高まります。注意しましょう。

14

めぼしい反応がない時は3歩下がって見守る

*ひと言言いながら下がりましょう

セカンドアプローチをし、「商品を見ているだけではわからないひと言」をお客様に伝えたのに、まったく反応がない場合もあります。

そんな時は、今いる場所から2～3歩下がりましょう。ただし、下がりながら**感じのよい言葉を発する**ことがポイントです。

下がったら、そこで動待機をしつつ、お客様を自分の視界に入れて見守ります。

感じのよい言葉を
「どうぞごゆっくりご覧ください」などの言葉よ。相手の反応がないからってムスッとするなんて間違ってもしないように！　お客様は別にあなたのことが嫌いでスルーしているわけじゃないの。もしかしたら、お店に入る前に彼とケンカしたかもしれないでしょ？　だから、気にしないことよ。

しばらくしてお客様が商品に反応を示したら、同じようにひと言伝え、反応がなければ、また下がりましょう。

セカンドアプローチはこの繰り返しです。

お客様から何らかの反応があれば、笑顔で商品説明をしたり、**お客様への質問**に入っていきましょう。

ただし、繰り返しアプローチしても反応がなければ、「まだ外、雨降ってましたか?」「秋なのに今日も暑いですね」など、商品以外のことを話しかけてみるとお客様は回答しやすく、反応をもらえることが増えます。

繰り返し
「アプローチ」っていうと「反応がなくても、すきあらばと果敢にお客様に攻めていく」なんて思ってない? お客様は入店してしばらくは安心して商品を見たいのよ! 接客したい気持ちをグッと抑えて、まずは安心させてあげなさい。

お客様への質問
初対面のお客様に、「何かお探しですか?」といったストレートな質問をしても効果はないわよ。赤いニットを見ていたら、「きれいなカラーのお洋服がお好きですか?」など、変化球の質問でコミュニケーションをとるのが鉄則! 詳しくは60ページを読んでね。

15

お客様のバッグから雰囲気と好みをつかむ

＊バッグはお客様の性格が出ています

お客様の持ち物には個性が出ます。特に特徴をつかみやすいのがバッグです。

私は長年たくさんのお客様を接客してきた経験上、バッグを見てお客様の好みを把握してきました。

具体的には、次のように考えています。

大きいバッグで落ち着いた色のものを持っている方は、**無難で色々な用途に使える品物を選ぶ**傾向があります。

無難で色々な用途
たとえば、こういうお客様が「結婚式の二次会に着ていく洋服」を探していた場合、結婚式だけじゃなく、通勤などにも使えるような商品を勧めてみてね。「通勤にもデートにも使えます」などなど、目の前でコーディネートしてあげるとお買い上げにつながりやすいわよ。

小さく四角いバッグを持っている方は、**性格が細かい**方が多いので、商品をお渡しする時、いつも以上に商品にキズがないかなどの確認をしっかりしましょう。

小さくて丸いバッグの方は、おとなしい方が多いので、楽しい会話を心がけて、リラックスしてもらうとよいでしょう。

カラフルなバッグのお客様は、比較的好みがハッキリしている方が多いので、**ニーズをストレートに聞いても答えてくださる**可能性が高いです。

性格が細かい
この方の場合は商品のメリットとデメリットをしっかり伝えることが大事よ。特にデメリットを伝えないと、後になって「聞いてなかった」なんてことになりかねないから。

ストレートに聞く
商品をお持ちして、「こちらはお好みですか?」とストレートに聞くといった意味よ。もちろん、やみくもに持ってくるなんてダメ! お客様といろいろお話をしたうえでね。

16

最初は「リーチ×2倍」の距離感を保つ

＊お客様に安心していただく距離

ファーストアプローチをした後、「商品を見ているだけではわからないひと言」でお声がけをするセカンドアプローチをする時は、リーチ（伸ばした腕の長さ）の2倍の距離感を保ちましょう。

お客様は**ショップスタッフから近づかれることに最初のうちは抵抗**があります。

なぜなら、接客されると、「買わなければいけないのかな」というプレッシャーを、どのお客様であれ少なからず感じるからです。

最初は抵抗が…
ショップスタッフをやってると、いつの間にか忘れるのが「お客様の立場に立つ」ってこと。最初から至近距離で接客されたら、あなたはどう感じるかしら？　今、あなたが感じたことを、お客様も感じるのよ！

安心していただくためにも、セカンドアプローチをする時は、ファーストアプローチのところで説明した70㎝のスペースの倍の距離感（140㎝くらい）の距離を保ちます。

その後、**お客様から何らかの反応**があれば、そこで初めて70㎝くらいまで、距離を縮めましょう。

何らかの反応
お客様の反応とは、
①あなたの目を見てくれた
②あなたの目は見てくれていないけど、うなずいてくれた
③商品を広げた
④鏡の前でチェックし始めた
⑤商品をずっと見ている
などになるわね。

17

簡単に逃げられない！「70㎝」は魔法の数字

＊お客様を中心にして70㎝を保つ

セカンドアプローチで反応があった場合、さらに会話をする時にお客様との間に**70㎝**のスペースを保って接近していきます。

多くのお客様を接客してきた中で、70㎝はお客様に圧迫感がなく、ショップスタッフの表情がお客様から見えて、お客様が簡単に逃げることのできない魔法の距離だと感じてきました。

お客様を中心にして、70㎝の距離間を保ち、笑顔で**商品説明をしながら会話**をしましょう。

この時、一方的に商品説明だけをせず、聴くことも意識しながら会話をしましょう。

70㎝
男女160㎝の身長だと片腕の長さくらいよ。

商品説明をしながら会話
お客様のことを知る質問を交えて会話を進めることがポイントよ。たとえば、ブルーのニットを説明しながら「ブルーなどの寒色はお好きですか？」なんて質問！　自分でいろいろ考えてみてね。

70cm!

18

近づく時はバッグを持っていない方向から「話しかけながら」が鉄則

*話しかける方向でお客様の反応が変わります

人は「苦手側」と「得意側」があります。

たとえばカウンターなどで横並びに2人で座る時、右側・左側で落ち着く度合いが違いませんか？

誰かと道を歩いている時もそうです。相手を横に置く側が**「苦手側」**で、相手を置かない側が**「得意側」**です。

同じように、お客様は苦手側にバッグを持ちます。話しかけられるのを無意識にバッグでガードしているわけです。

ですから、お客様にセカンドアプローチをする時は、バッグを持っていない方向から声を掛けましょう。お声掛けをした時

苦手側・得意側
苦手側と得意側ってね、要は話しかけられた時や会話をしている時にどっちから声を掛けられるとスムーズかってことよ。裏を返せば、苦手側から声を掛けられると人は違和感を持つのよ。ショップスタッフがお客様に違和感を持たれたら困るわよね。だから、これは結構、大事よ。

に反応をもらえる確率が高くなります。

また、声を掛ける時は、近づいてからしゃべるのではなく、**しゃべりかけながら近づいてください**。

近づいてから声を出すと、お客様は誰かが近づいてくる気配といきなり話しかけられたことに違和感を持ちます。

しゃべりながら近づくと、お客様は「ショップスタッフが近づいてくること」に前もって構える（＝応対の準備ができる）ことができ、安心します。

しゃべりながら近づく
この時、声の大きさに注意して。Yさんはもともと声が大きいうえに、ハキハキしゃべるスタッフ。その日、誰もお客様がいない時間帯に入店してくださったお客様に対し、「そちらの商品は～」といきなり近づいて大きな声で説明し始めたわ。お客様はYさんをギロッと見た後、「ゆっくり見せてください」と冷静にひと言……。お客様はうるさいと感じたのよ。これ、クレームになりかねないから気をつけて。そのあと、Yさんは店長にずいぶん叱られてたことは言うまでもないわね。

19

異性のお客様の場合は近づきすぎないのがルール

*異性のお客様へは同性と違うアプローチを

お客様は、同性よりも異性のショップスタッフが近づくことに抵抗があります。セカンドアプローチ以降、会話に入ってからも、同性に接客する時より1歩分、距離を空けましょう。

レディース用のお店でしたら男性のお客様、メンズ用のお店でしたら女性のお客様は、ご自身以外の買い物でお越しのケースがほとんどですから、少し距離は取る分、会話中は**しっかり相づちやうなずき**を入れ、「聴いていますよ」ということを表現するとお客様は「信頼できる人だ」と思ってくださいます。

しっかり相づちやうなずきを
「ここはアウェーではありません。あなたの話を私は親身に聴いていますよ」ということを少しオーバーなアクションで表現して、居心地をよくしてあげましょうね。

chapter 3

お客様のニーズをつかむ時のちょっとしたアクション

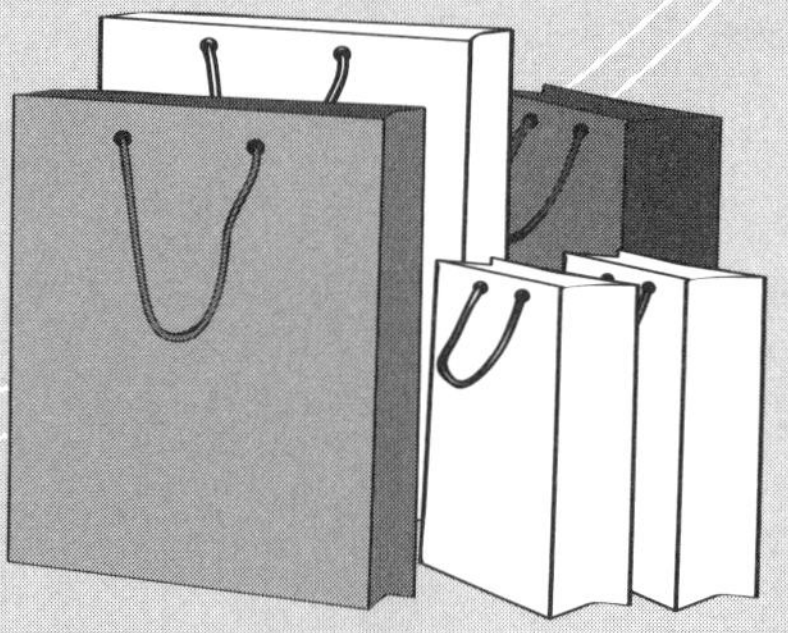

20

お客様の正面に立たず、横並びになって話す

＊逃げ場をつくる

接客トークに入った時は、「立ち位置」に注意します。なるべくお客様と横並びに並んでお話をしましょう。

ショップスタッフが正面に立ってしまうと、お客様は逃げ場をなくし、圧迫感を持ちます。初対面の相手であれば、なおさらそうです。

この時、横並びだと、視線や体の逃げ場ができるので、圧迫感を持ちません。

ただし、会話をする時やお客様の話を聴く時は、上半身だけ

接客トーク
アプローチの後、お客様と会話をしてニーズなどをつかみ、商品の提案や説明をするのが接客トーク。お客様が「いつ・どこに・何の目的で」をつかむのが大事。ただし、初対面なのにいきなりストレートに聞いちゃダメよ！

ショップスタッフが正面に立つ
たまに入店されたお客様と向き合ってしまうこと、あるわよね。そんな時は、「申し訳ございません」と言ってスッとお客様を避けながら、「ごゆっくりご覧くださいませ」と笑顔で言うとお客様は不快にならないはずよ！

ひねって自分の表情がお客様に見えるように話します。横並びのほうが安心ですが、相手の表情が見えないことは不安だからです。

こうすることで、お客様はショップスタッフに自分の好みを伝えたり、楽しくお話をすることができるようになります。

最初の接客トークでは、自然に会話をしてお客様に安心していただき、情報やニーズをつかむことが大切です。

21

会話のつかみは「お客様のそのシャツ、素敵ですね」

＊素敵だと感じたものに対しての質問をする

お客様との会話のきっかけに悩むショップスタッフは少なくありません。

この場合、きっかけづくりとして、**お客様の身につけているもの**に注目してみましょう。

その中で、あなたが「素敵だな～」と思うものについてお客様に質問します。

たとえば、お客様がとても素敵なシャツを着ているな～と思ったら、

身につけているもの
洋服のほか、バッグ、ヘアスタイル、メイク、体形でもいいわよ。間違っても女性のお客様に「腕の筋肉、かっこいいですね」とか、去年の自店の商品を着ているお客様に「それ、去年のですよね！」なんて言うのはクレームのもとになるのでやめてね。そういう時は、「それ、うちのですよね？　すごく人気があったんです！」くらいにね。

「お客様、そのシャツ、すごく素敵ですね。私も好みです。**どちらのですか？**」

と質問してみましょう。

たいていの人は、自分が気に入ったものを身につけていますから、それを褒めてもらえるということは、自分のセンスまで褒められたようで、とても嬉しく感じるものです。

すると、おとなしそうに見えた人も、

「ありがとう」

「これは○○というところで買ったの」

といった返答を思わずしたくなってしまうのです。

「どちらのですか？」
大抵どこのショップスタッフも「そのシャツ素敵ですね」までは言うけど、その前に「お客様」をつけたり、さらに「どちらのですか？」。ここまで聞くショップスタッフは、あまりいないわ。「そこまで聞いていいんですか？」って言う子もいるけど、勇気を持って笑顔で踏み込むのよ。答えてくれたら会話がはずむわよ。スルーされた時は、数歩下がって動待機。また声を掛ければいいじゃない！

22

ストレートな問いかけは答えづらい。質問は変化球を意識する

＊まずは心を開いてもらうことが先決

「どちらに着ていかれるんですか?」

「シャツをお探しですか?」

「お仕事で着られるんですか?　それともプライベートですか?」

あなたがショップに入った時に、スタッフから、いきなりこのような質問をされたらどう感じますか?

お客様の中には、こうした質問があまりに唐突すぎて不快に思われる方もいます。気をつけましょう。

「いつ・どこで・何の目的で」というお客様の情報やニーズを早く聞いて商品をお勧めしたい気持ちはよくわかります。ただ、

冒頭のように聞いたところで、お客様からは本音を聞き出すことはできないでしょう。

人は、多少でも顔見知りの相手でないと自分のことを打ち明けたくないものです。

もし、お客様が白のシャツをご覧になっていたら、売り込む気が伝わるような**ストレートな質問**ではなく、**変化球の質問**を投げるようにしましょう。

たとえば、こんな感じです。

「ストレッチが入っているので、お仕事でも動きやすいのですが、ストレッチは大丈夫ですか?」

「丈が短めですが、普段はパンツとスカート、どちらが多いですか?」

ストレートと変化球

お客様は基本的に顔見知りの人以外からのストレートな質問に答えようとはしないわよ。まずは心を開いてもらうコミュニケーションをしなくちゃね。

そこで投げかけたいのが変化球の質問! 白シャツを見てたら、上段で例示したもの以外にも「白シャツは何枚かお持ちですか?」なんて風に。すると、「何枚かなぁ〜」なんて答えてくれるわ。だって売り込まれてる感じはしないから。そしたら、「私も白シャツが好きで」と白シャツエピソードを話すの。お客様が打ち解けてくれていると感じたら、少しずつストレートな質問をしていくのよ!

23

お客様の「御用聞き」に終始せず、あえて私的な話をする

＊私的な話は信頼を築く

お客様の質問に答えたり、ご要望に応じることはショップスタッフの大切な仕事の1つです。

ただ、そうしたビジネスライクな応対だけではなく、あえて**自分のプライベートな話もしてコミュニケーションを深める**ことも一方で大切。こちらが心を開示すれば、お客様も嬉しい・楽しいと感じて心を開いてくださるからです。

こうしたやりとりを重ねていくうちに、お客様は目の前のショップスタッフのことを信頼してくれるようになります。

ご自分が身につけるものは、「信頼できる○○さんに見立て

プライベートな話
そりゃ～そうよね！　自分だけが一方的に話してたって独り言みたいで楽しくないわ。嫌いな人じゃないから接客してもらっているわけだから、お客様だって少しはあなた個人の話を聞きたいわよ。自分のことを話さない人って、なんか近寄りがたいでしょ。

てもらいたい」、そういった心情になるものなのです。

入社して半年のNさん。接客中、お客様との会話をしているのですが、笑顔はなく、商品を探しに店内をうろうろ歩いたり、試着室越しの接客でも無言でいることがほとんど。

ある日、Nさんの接客時の会話をそばで聞いているうちに、なぜそうなるのか原因がわかりました。

Nさんはお客様から聞かれた内容以外は答えず、「この商品の色違いはあるの？」「サイズ違いはないの？」といったお客様からの**御用聞き**になっていて、自分からはまったく話しかけることをしていなかったのです。

そのため、お客様が次に話し始めるまで、そのまま無言でそこに立っていたわけです。

御用聞き
「何か御用は？」と聞いて注文を取るのが御用聞き。サザエさんの家にも三河屋さんが来ていたわよね？　あの存在よ。これって、せいぜい現状維持ができるくらいで、発展性はないわね。何より、接客中なのに「無言で立っているだけ」って、どうなの？

その後、Nさんにそのことを伝えると、「私のプライベートなことを話すことは失礼なのではないかと思っていました」とのこと。何度か来店されているお客様なのに、「どのようなお仕事なんですか?」ということすら聞けなかったようです。

お客様はそんな質問をするくらいで**「この人、失礼ね」**なんて思いません。むしろ、「自分に興味を持ってくれて嬉しい」と思ってくださいます。

あなたがお客様だったら、どうでしょうか?

Nさん後日談

「そこまで聞いていいんだ!」と目からウロコのNさん。次の日から、「今日はお休みなんですか?」「夏休みのご予定は?」と積極的に聞くようになって、会話中の笑顔が増えたのよ!

でも、アラフォーとおぼしき方に「ご結婚は?」と聞いた時は、さすがにそばにいて青ざめたわ。即、私がその会話に入って、「私、思いっきり40代なんですが、まだ独身なんです。お客様はきっとご結婚されていますよね!」とフォロー。その後、Nさんに言っていいことと悪いことを教えたのは言うまでもないわ。

24

お客様が着ているテイストに近いものからお勧めする

＊お客様の好みをつかむお勧めの方法

何を質問しても答えがあいまいで、どういう色・デザインをお探しなのかわからないお客様に対しては、新商品や現在人気がある商品をお勧めするショップスタッフが一般的です。

ですが、ここでもう1つ、提案方法のお勧めがあります。

それは、**「あえてお客様が身につけているものと同じ色やテイストの商品を持ってきてお勧めしてみる」**ことです。

ショップスタッフのこの提案に対して、「でも、今、持っているのと似ているし」と言うお客様は多いのです。

その場合、「そうですよね。まったく違う雰囲気のほうがい

同じ色やテイストの商品
名付けて「お客様の好みあぶり出し作戦」（笑）。まずは反応してもらわないと会話に入るきっかけがつかめないわよね。だから、この作戦でお客様の何らかのリアクションを引き出すのよ！

いですか?」と質問します。つまり、具体的な質問をしても嫌がられない展開になるのです。

もし、お客様が「自分の持っているものと似ている商品だ」などと言わなくても、すかさずスタッフのほうから、「**あれ?** 今日着ていらっしゃるお洋服と似ていますか?」と笑顔で言うことで、お客様はどのようなものを探しているかを言いやすくなります。

あれ?
お客様とお話をしている時、淡々と聞いたり話したりしていない? 会話の合間にリアクションをすると、お客様は会話をするのが楽しくなって、いろんなことを話してくれるようになるから、お客様情報があっという間につかめるわよ。アクションは、外国人ばりのオーバーアクションが効果的。「あれ?」と言う時は、気持ち大げさに、「似ていることに今、私、気がついちゃいました〜!」くらいでね。

chapter 4

店内にお客様がいない時のちょっとしたアクション

25

通路を歩くお客様に対し、販売員は「横向きの姿」を見せる

＊お客様はスタッフの「横向き」で入店するか決める

通路を歩くお客様が店内をのぞいた時、ショップスタッフが「ジーッ」とこちらを見ていると、お客様は、「すぐに声を掛けられそう（売りつけられそう）」と感じます。

かといって、お客様が出入りする入口にお尻を向けて作業に集中しているスタッフの姿を見ても、「なんだか良い接客をしてくれなさそう」と入るのを断念します。

この時のショップスタッフの正解は「横向きの姿を見せる」です。

chapter 4 　店内にお客様がいない時のちょっとしたアクション

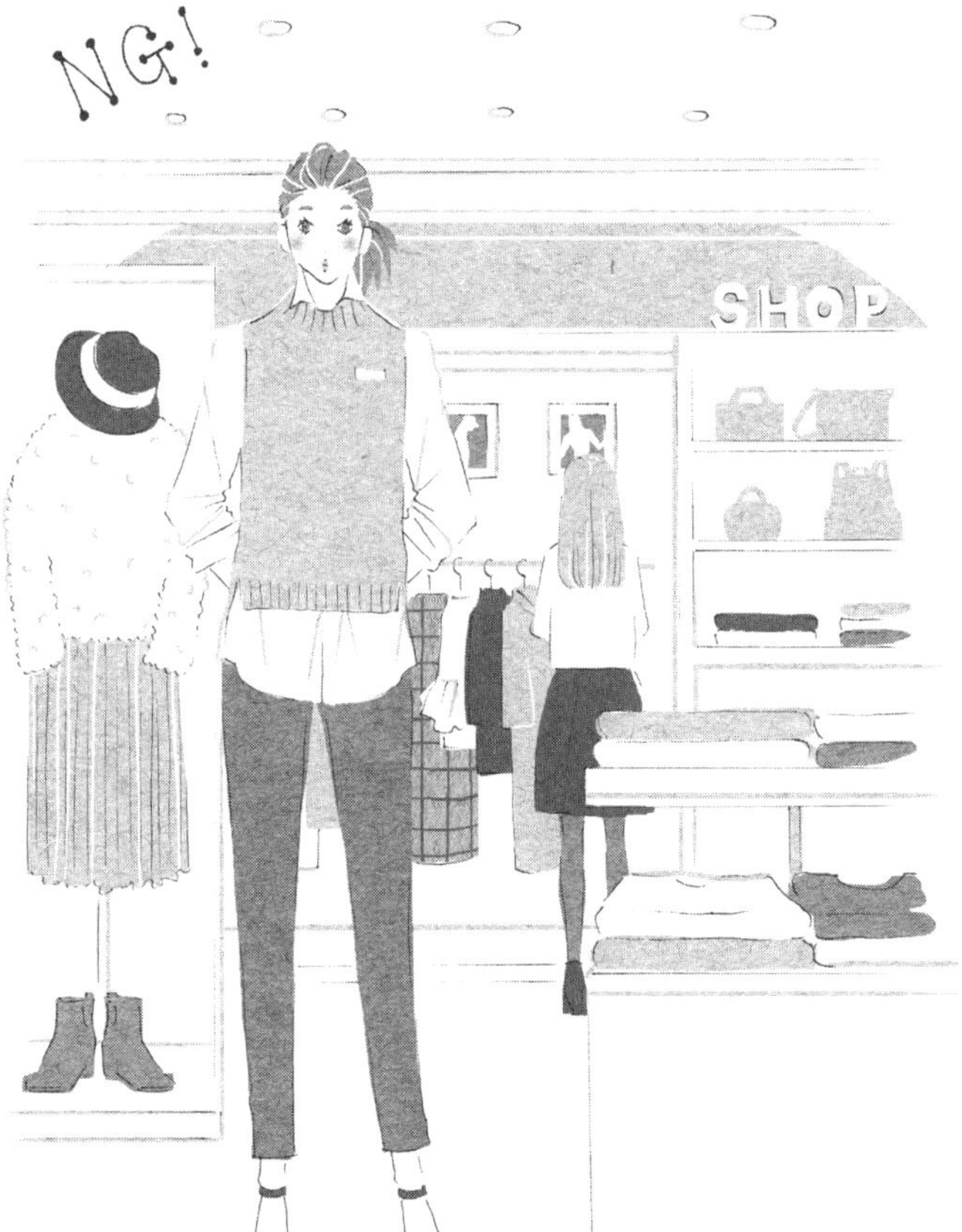

横向きだとスタッフの表情も見えますし、なおかつ正面ではないので、プレッシャーを感じません。お客様を少しでもお店に入りやすくさせたいなら、あなたの横向きの姿を見せるのです。

あなたが横向きの姿をしている時、その**表情**の感じが良ければ、お客様はさらに入店しやすくなります。

店内では、入口を意識し、横向きで動待機をしましょう。

また、お客様を接客している時も、なるべく通路のお客様に自分の横向きの姿や表情を見せることを意識しながら振る舞いましょう。

表情
表情ってすっごい大事なのよ。店内に2人のショップスタッフがいて、1人は「笑顔」、もう1人は「普通の表情」だった時、あなたはどっちのスタッフに接客してほしい？　そうよ！　お客様は入店前の、まだ声掛けもされていない時から、どっちのスタッフに接客されたいか決めちゃってるの！　お客様は必ずどこかからあなたを見てるわよ。

OK!
FASHION

26

お客様の入店に気づかないのはNG。作業に没頭しすぎないよう注意

＊接客最優先を念頭に置きましょう

納品出し、書類提出、ディスプレイとレイアウトの変更……、ショップスタッフは、接客以外にも、やらないといけない仕事がいっぱいあります。

「納品された商品の値札貼りを急いで終わらせちゃおう」
「本社へ早く書類を送らなきゃ」
「ディスプレイとレイアウトを○時までに変えなきゃ」

付帯業務で忙しい時は、意識がそちらにばかり向かい、接客以外の仕事を優先させたり、作業に没頭してしまうこともある

でしょう。

ただ、この状態だと、**お客様が入店したことにすら気づかなくなってしまいます。**

ショップスタッフが優先すべきことは、いつも変わらず「接客」です。

入店したということは、お客様は店内の商品に興味があります。そのようなお客様に対して、自店の商品をご紹介するのがショップスタッフの仕事です。

作業や付帯業務をする時も、「接客最優先」を念頭に置きましょう。そう心掛けることで、お客様が入店したことを、ちょっとした物音や気配で気づけるスタッフになることができます。

お客様の入店に気づかない

これ、ホントに多いのよ〜。ついこの間、オープン間もないショッピングセンターの洋服屋に入ったの。しばらく商品を見ていたんだけど、誰もいない。「え？　無人？」。ふと奥のレジを見てみると、いた、いた！　早番のショップスタッフが1人で何かに目を通してる。その後もずっと作業に没頭。「お客様を放置して、君は1人で何をやってるんだ！」って感じよね。私、とっとと隣のショップに移動したわ。すると、そこには感じよく声掛けをしてきてくれたスタッフが！　嬉しくなって朝っぱらから大量買い。こういうの「売り逃し」っていうのよね。

27

入り口付近で作業しているふりをする

＊作業をするふりはお客様へのパフォーマンス

お客様が入店しやすいように作業をするふりをするのは**入口付近**が有効です。

「こちらは作業をしていますから、そんなにプレッシャーに感じないでくださいね。ご遠慮なく、どうぞお店へお入りください」

こうした「温かな無関心」を、動いている姿でお伝えするために「作業をしているふり」をするのですから、一番お客様の目に入る入口付近でやらなければ意味がありません。

入口付近
遠くで作業をするふりをしても、お客様には見えないから、やる意味がないわよね。

この時の表情ですが、「口角を上げて感じよく」がポイントです。**好印象を持たれる表情で、手を動かしながら待機**をしましょう。

そのようなショップスタッフの姿は、お客様に「ゆっくり見ることができる安心感」を与えます。

「あの商品、ちょっと気になるな」というお客様もすんなり入ってきてくださるようになるので、接客する回数が増えます。そうした経験に比例して、接客は短期間の中でも上達するのです。

笑顔で動待機

私はどのお店に入っても、最初に動待機を徹底的に指導してるわ。長年の経験から言うと、動待機すればするほど、お客様の入店客数は増える。「動待機とお客様の入店数は比例する」のよ。

ただし、動待機をする時は、「ほどよい緊張感」を持ってやることが大切。「これからたくさんお客様が入店してくるからワクワクするけど、その分、忙しくなる。しっかりしなきゃ」、そんな感じがいいわね。フロア中のお客様全員に、自分の姿を見られている感じでやるといいわよ！

28

先輩に叱られている時も口角を上げて笑顔を保つ

*スタッフの叱られ方でショップの見え方が変わる

買い物をしている時、お店で先輩に叱られているショップスタッフを見かけることがあります。

この時、お客様としては店内にとても入りにくいものです。入店したとしても、**「聞きたいことをとても聞く状況ではない」**などと、気持ちが他のショップに移ってしまいます。

店頭では、先輩に注意されたとしても、決して下を向いて泣き顔をしたり、眉間にシワを寄せたりしないこと。そして口角を上げましょう。

聞く状況ではない
叱られたスタッフがショボンとしてたら、何か聞きたくても聞けないムードよね。「きっと問題行動を起こしたから叱られたのだろう」とも思うしね。お客様に、「かわいそう」とか「頼りにならなそう」とか思われちゃったら損よ。

「口角を上げたりしたら、『反省が足りないわよ』って先輩にさらに叱られないですか？」と思われるかもしれませんが、そんなことはありません。**真剣な眼差しで先輩を見れば、その想いは伝わる**からです。

笑顔を保ちながら先輩の指導を受けていれば、お客様からは「スタッフが先輩に叱られている」という風に見えなくなります。

お客様からは、

「あのスタッフ、何かしちゃったのね。まぁ、働いていれば、そんな時もあるわよね」

というくらいにとらえてもらえるようになります。

真剣な眼差し
「目は口程に物を言う」ってことよ。それに、口角を上げていると、叱られていることに気づかないお客様から話しかけられても、感じのいい表情で答えられるでしょ。口角を上げてキリッとした眼もとで思いっきり叱られなさいな。

29

通路のお客様と目が合ったら会釈をしてニコリ

*チャンスを作り出すのは自分

入口付近で手を動かして作業するふりをしている時、お客様がそばを通ったら、お客様と目を合わせましょう。

もし、お客様がお店の前で立ち止まったり、歩く速度がゆっくりになったら、その時は体全体をお客様のほうに向け、会《え》釈《しゃく》をし、微笑みながら目を合わせます。

お客様の立場でいうと、店内で「いらっしゃいませ」と声出しをしているスタッフがいたとしても、そのスタッフは不特定多数のお客に言っているのであって、自分に向けて「いらっしゃいませ」と言っているとは思っていません。

ですから、お客様と目が合ったということは、あなたにとってチャンスなのです。


お客様は、笑顔で動待機していたスタッフの目が自分に向けられたと気づき、**スタッフに正面から表情を見せられる**と、入店してくださいます。

また、何か聞きたいことがあるお客様は、率直に聞いてきてくださいます。

その時、感じよくお話をすると、今回は自店の商品とは違う品物をお探しでも、**後日、訪ねてきてくださる可能性が高い**です。

ですから、もし、お客様のお時間に余裕がある場合は、別のショップの買い物でお越しになったケースだったとしても、自店の商品をぜひご紹介しておきましょう。

正面から表情を見せる
通路を歩いているお客様には横向きで作業をしている姿を見せて、明らかにお店に興味があるお客様にはいったん表情と体全体の正面を見せて微笑むのよ。自分アピール作戦！

後日、ご来店
私はこの習慣で多くのお客様を自店のお得意様にしたわよ！　その時は売上につながらなくても、「種まき」って大切。何事もやってみると思わぬところで成果が出るの。ぜひトライしてみてね。
でも、お客様に次のご予定があるなど、時間に制限のある時は逆効果になるから要注意！

30

声出しをする時は「アーチ形」をイメージする

＊お客様に届けることをイメージする

店内で声出しをする時はできるだけ感じの良い声を出すことが鉄則です。

ではどのように出せばよいのでしょうか。

Kさんは、声が大きく、少しきつめの印象を与えるスタッフ。お店の混雑時に、いつものように声出しをしながら店内を動くKさんは、**お客様から「うるさい」とクレームを**頂戴してしまいました。

接客販売業では感じの良い声を出すのが大切なのです。

「うるさい」とクレーム
ちなみにKさん、このことで私に叱られた翌日から朝早く出勤し、ストックで声出しの練習してたわ。毎日の練習のかいあって、そのうちKさん、お客様から「きれいな声ね」と褒められてた。努力は必ず報われるのよね。

声を出す時は、声を「アーチ形」にしてお客様に届けるイメージをしながら出しましょう。

アーチ型とは虹を掛けるイメージです。

Kさんの声は、アーチ形ではなく、ストレートにお客様にぶつかる声でした。険《けん》があり、とてもきつく聞こえていたのです。

声出しは、大きくてもアーチ形にすることで抑揚《よくよう》がつき、感じの良い声になります。

男性の方はイメージしづらいかもしれませんが、小さなお子さんとキャッチボールをする時、**ボールを投げる時を思い描いてください。**

自分の声をフワッとお客様に届けるところをイメージしながら声を出しましょう。

ボールを投げる時
小さな子どもにスパルタ方式で「行くぞ！　しっかり取れよ。絶対だぞ！」と、まっすぐ強い球は投げないわよね。
「お～い。今からそっちに投げるぞ～」って、大きく円を描く球を投げるでしょ？　あんな感じよ。

31

お客様がいなくても移動する時は「小走り」が基本

*ショップスタッフの小走りはお客様にとっての安心

お客様が店内にいらっしゃらない時も、実際は店の外から誰かの目にあなたの姿が映っていることをご存知ですか？

そんな時、お客様の立場でいえば、「暇そうなお店」よりも「忙しそうなお店」のほうに入りたいもの。入店するときにかかる「店側からのプレッシャー」が小さいからです。


では、そのようなお客様に、どのようにしたら入店を促せるかというと、答えは「小走り」です。

小走りに商品をストックから持ってきたり、ディスプレイを変える時、別の商品をストックから持ってくる時も小走りをす

83　chapter 4　店内にお客様がいない時のちょっとしたアクション

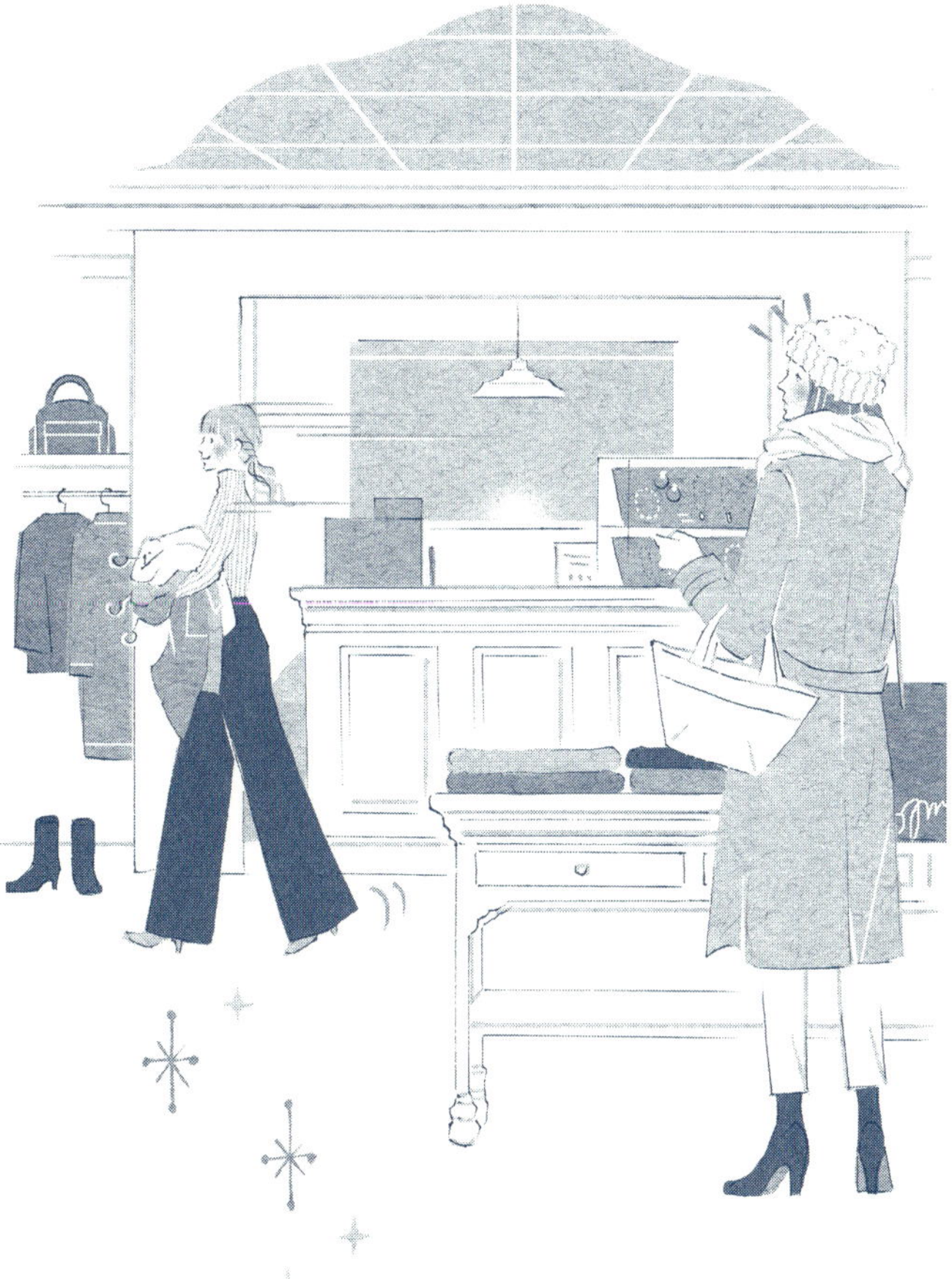

る。このようにしていると、はたから見れば「忙しそう」と映ります。

同時に、「何か買わなくても、その場をすぐに立ち去りやすいお店」のようにも感じてもらえます。「ちょっと見るだけ」と気軽に入店できるのです。

お客様がいなくても小走りしましょう。

もちろん、お客様がいらっしゃっても、会話の合間に商品をお持ちする時は**小走りが鉄則**です。お客様は、あなたから一生懸命さを感じてくださいます。

常に小走り
これは店舗にいる時の鉄則！ お客様がいても、いなくてもね。でも、ノロノロ歩いてるショップスタッフ、とっても多いのよね。はたから見ると「どんくさい人」だから気をつけて。
買い物に来たお客様はキビキビ動くスタッフから接客されたいもの。お客様がいない時でも、「お客様から選ばれている」ということを忘れちゃダメよ！

chapter 5

クロージングで
購買につなげる時の
ちょっとしたアクション

32

クロージングはお客様に購入を決断してもらうこと

*テクニックとして押さえたい2つのポイント

クロージングとは、お客様が購入を決断する場面を指します。

つまり、

「これください」

と言ってもらえる場面です。

接客・販売の場合は、特定の商品を提案して試着をしてくださり、試着室から出てきてから、

「これください」

と決定するところまでをクロージングととらえてよいでしょう。

そして、お客様をクロージングに導くために行なう方法を「ク

ロージングテクニック」といいます。

クロージングでは、お客様が「いいな」と思って試した商品について、

(1)袖を通すなどして試した時の感触（どう感じたか）を確認する

(2)その商品に対して、販売のプロとしてのあなたの見解（評価・意見）を伝える

この2点を押さえて接客を進めていくとスムーズです。

特に(2)はとても大切です。

新人でも、店長でも、お客様にとっては同じプロの販売員。お客様にしっかりと**あなたの気持ちを伝えましょう。**

あなたの気持ちを伝える

アプローチから接客トークまで進めてきた最終場面。気持ちが高まるわよね〜。でも、ここで変に焦ることなく、あなたなりの言葉や表情・アクションで、気持ちをしっかりお客様に伝えてみて！ お客様に自分の気持ちが伝わった時の感動は何ともいえないもの。気持ちがより高ぶるわよ♪

33

お客様が試着室から出てきた時の第一声は「やっぱりお似合いですね」

＊「やっぱり」は魔法の言葉

お客様の立場でいうと、商品を身につけて試着室から出てくるのは恥ずかしいものです。

試着室の外の大きな鏡で、似合っているかどうかを確認する時、お客様はドキドキしています。

お客様が試着室から出てきた瞬間、声を掛ける時は、

「お似合いですね」

ではなく、

「やっぱりお似合いですね」

と「やっぱり」を付けてみましょう。

「やっぱり」という言葉は、最初に考えていたことと結論が一致した時に使います。

「きっとお似合いだろうな、と思っていましたが、実際に身につけてくださったら、やっぱり似合っていましたね！」

というように、「似合う」が2回連続で伝わるわけですから、お客様への説得力が増します。


また、「やっぱり」とひと言加えることで、「思っていたとおりです」という、あなたの判断力と相手を思う気持ちも一緒に伝わるわけです。


「お似合いですね」だけですと、ありきたりな言葉に聞こえてしまいます。

お客様からしても、

「商売柄、私にだけでなく、誰にでも言っているんだろうな」

と、嬉しさを感じることもありません。

さらに、もう一段階、上級のノウハウがあります。それは、ちょっと離れた場所から**駆け寄る**ことです。

試着室から出てきたお客様に、満面の笑顔で、「やっぱりお似合いですね」と言いながら駆け寄っていくと、お客様の嬉しさはより増します。

駆け寄る

私はお客様を試着室にご案内したら、ショップ内の試着室から一番離れた場所に行くの！

もし、あなたが「似合うかな?」って自信なさげに試着室から出てきた時、ショップスタッフが「お疲れ様です！」って言いながら自分に駆け寄ってきて、さらに満面の笑顔で「やっぱりお似合いですね」と言われたら嬉しくならない？ 遠くから小走りでお客様に駆け寄ると、お店に風が吹くわ。

つまり、店の中にも活気が出ちゃうのよ。

34

試着室越しの接客では着方を直しながら前後上下に動く

＊一生懸命の接客を動きで見せることの効果

試着室からお客様が出てきた後の「試着室越しの接客」で、その後の購買確率がグンと変わります。

試着越しの接客での一番のポイントは、

「お客様の気持ちに寄り添いながらお勧めする」

ということです。

まず大切なことは「着方」です。

お客様が商品を正しく着られているかをしっかり確認し、きちんと着られていなければ直して差し上げましょう。その理由

気持ちに寄り添う

試着した商品を着て出てきたら、スタッフがお客様の意見も聞かずにグイグイ押してお勧めしてきたら引くでしょ。クロージングだからこそお客様の気持ちに寄り添いながらお勧めするのが鉄則よ！

は、「自社商品を最高の状態で着ているところ」をご自身で見ていただくためです。

リボンがついているデザインであれば、きれいに結べていないだけで「なんかイメージと違う」と思われてしまいます。この場合は、あなたが結んであげるようにしましょう。

シャツであれば、襟を立てるだけで数倍格好良く、素敵に見えます。

パンツの場合は、裾を長く引きずった状態で鏡の前に立っていただくのではなく、余分な生地を内側に入れて針で止め、お客様にとっての**ジャスト丈な状態**で見ていただきましょう。

これによって商品の見え方が大きく変わり、お客様の購買意欲は増します。

また、お客様の横に立ち、鏡越しに商品をお勧めするだけでは、工夫が足りません。

ジャストな状態
丈の長いパンツを履かせたままの状態でお客様を接客しているスタッフをたまに見るけど、これはダメよ。その理由は、「ピンを止めるのが面倒」だからじゃないの？図星でしょ！
それじゃあ、売れるショップスタッフになれないわよ。だって、お客様のお買い物をサポートするのが仕事でしょ。横着しないで商品を最高の状態で見せておあげなさいね。

まず、鏡側（お客様の目の前に近いところ）に立ち、お客様が着ているところをしっかり自分の目で見ます。

次に、お客様の後ろに回って後姿を確認し、後姿のどこがいいかを伝えます。

さらに、しゃがみます。試着された商品がスカートであれば、スカートの裾を触りながら、「膝頭が隠れるくらいです」と**膝頭に軽く触れる**ことで丈（サイズ感）をお知らせします。

つまり、お客様を中心に、あなたが前後・上下に動きましょう。

これにより、お客様は、「私のために、とても一生懸命に接客してくれている」と感じてくださいます。

お話ししている時にお客様の表情が曇《くも》ったり、考えている様子がわかったら、「何か気になるところはありますか？」とうかがいながら解決していきましょう。

膝頭を軽く触れる
これ、異性のお客様を接客する時は気をつけて。勘違いされることがあるから（笑）。
異性のお客様の場合はボディタッチはせずに、「膝頭くらいですね」と、しゃがみながら言うところでとどめておくといいわ。

MOVE!

35

その場を離れる時は肩に手を触れつつ「少々お待ちください」と言う

*人肌は安心する

別の商品を取りにストックに入ったり、アクセサリーやご試着の商品に合う別のアイテムを取りに行く時など、お客様から一度離れる時は、お客様の肩などに触れつつ、優しい微笑みで

「少々お待ちください」

と言いましょう。

お買い物にいらしたお客様は、気持ちが高ぶっている方が少なくありません。そのため、いろいろなものに目移りする方も多くいらっしゃいます。

その場を離れるあなたを待っている間も、あらゆる考えが頭

をよぎり、視点もいろいろなところに行きがちです。お隣のショップの商品が気になりだすこともあるでしょう。

人は不意を突かれた状態で誰かに触れられると、「フッ」と力が緩み、安心します。

お待ちいただく間も、自店で安心し、落ち着いて待っていただけるように、**そっと触れる**と、お客様は落ち着きを取り戻します。

そっと触れる
よく美容師さんがお客様から離れる時、そっと肩に触れて「少々お待ちくださいね」なんて微笑んでから離れたりするでしょ？ あんな感じで、お客様の後ろに回ったり、直接目を見るのではなく鏡越しに目を合わせながら、軽く肩に触れたりするといいわよ。
ただし、異性のお客様の場合は、軽く触れるくらいだったら大丈夫だけど、くれぐれも誤解させないように、ケースバイケースで対応すること。

36

「直接目を見て話す」＋「鏡越しに話す」を交互にする

＊ワンクッション置く大切さ

試着室から出てきたお客様は、しばらくの間、頭の中でいろいろなことを考えています。

「同じようなもの、持ってないかな？」

「このスカート、持ってるシャツに合うかな？」

などなど、自分に似合っているかを確認しながら、手持ちの品物をあれこれ思い出しているともいえます。

お客様がそのようなことを考えている最中に、ショップスタッフが身体を向けていろいろ話しかけたり、商品を熱心に勧めても、あまり効果はありません。

お客様のお返事が生返事になったり、こちらの言葉が少しうるさく感じられているような雰囲気を出していたら、その合図です。

お客様がご試着室から出てきたばかりの時は、お客様の目を見て話しかけるのと同頻度で、鏡越しでも話し掛けるようにしましょう。

話す内容も、商品の**良いところばかりを矢継ぎ早に言うのは避けます。**お客様ご自身の率直な考えが言葉にできるように、

・試した感想はどうか
・どこが気に入り、どこが気に入らなかったか
・お持ちのアイテムはどんなものが多いか

など、お客様の気持ちに寄り添う質問や話をしてください。

その時も、直接お客様のほうを見るだけではなく、ワンクッション空けて「鏡越しに話し掛ける」ことも大切です。

良いところばかりを言う
試着室から出てきた途端に「お似合いですよ！」「これなんかセットで合います！」「これ、ほんと人気なので！」とセールストークばかりするスタッフがいるけど、これダメよ！
お客様は、「見ていた時」と「実際着てみた時」では感じることが変わるの。自分だってそうでしょ？　そんな時にあれこれ言われたって、聞いてないわよね。

37

決めセリフはお客様の正面に立って目に力を込めて言う

*決めセリフでお客様に気持ちを届ける

ここでイメージしてみてください。あなたからお客様への商品説明やご提案、ご試着中のトークはほぼ終了し、お客様は商品を気に入ってくださっている様子です。

さて、このタイミングでショップスタッフは何をすればよいのでしょうか。

正解は、試着室から出てきたお客様への**最後の押しのひと言**を伝える。つまり、ドラマのクライマックスで放つ「決めセリフ」です。

この決めセリフは、言葉の内容よりも、ショップスタッフの

最後の押しのひと言
最後のひと言でお客様の気持ちをグッと購買決断に近づけるためには、トークにも大きなポイントがあるのよ。それは、商品のことではなく、「お客様になぜその商品が合っているかを伝える」ということ。
商品の良さを言われても、お客様は欲しくはならないわ。それを欲しくなる時は、その商品を買うことに「自分だけのオンリーワンの理由があるかどうか」よ！

気持ちをお客様に届けることが大切です。
お客様の感情（心）は、ショップスタッフの正直で誠実な気持ちが伝わった時に動きます。

決めセリフを伝える時は、お客様のなるべく正面に立ちましょう。 横並びだと、ショップスタッフの気持ちがダイレクトにお客様に伝わりません。

さらに、お客様としっかり目を合わせましょう。その時、目を見開いて、目に少し力を込めるのがポイントです。

試着中の最終段階でそうしたひと言を伝える場合は、鏡があるためお客様の正面に立つことができません。ですが、そうした時も、あなたの体はお客様に対して、なるべく正面に近い状態になるようにし、お客様と直接、目をしっかり合わせましょう。

正面に立つ
最後の決めセリフの時はお客様にガッチリ向き合ってOK！ 向き合うと、相手側が心理的に圧力を感じるのよ。でも、クロージングの時はこれが必要。買うか買わないか決めてもらうわけだから……。「良い圧力」は時には必要よ！

38

接客中に別のお客様から声を掛けられた時の対処方法

＊お客様の存在を受け止める

平日の込み合う時間帯や週末の午後は、ショップスタッフよりもお客様の数が圧倒的に多くなります。

このような時間帯は、お客様を接客している時、しかも、前項で取り上げた「最後の押しのひと言」を伝えているような場面で、別のお客様から声を掛けられる経験は誰にでもあると思います。

こうした時は、まずは慌てないことです。

そして、優先すべきは「先に接客しているお客様」です。

それを念頭に置いて、声を掛けてきたお客様に対してニコッと笑顔かつ大きめの声で、

「少々お待ちくださいませ！」

と元気に言いましょう。

後からいらしたお客様は、**「私はショップスタッフの応対を待っている」ということをあなたに知ってほしい**のです。

後からいらしたお客様は、ショップスタッフが自分の存在をわかっていると確認できると安心します。

あなたが、「少々お待ちくださいませ」と言った後、もうしばらく時間がかかりそうな時は、再度、

「お待たせして申し訳ございません。もうすぐうかがいます」

と伝えるようにしましょう。

待っていることを知ってほしい
マメに声を掛けることが大事よ。「少々お待ちくださいませ！」っていくら笑顔MAXで言っても、そこから10分もお待たせするようだと、お客様も「私の存在、完全に忘れられてる」と思われても仕方ないでしょ。自分が接客しているお客様を優先しながら、マメにお声を掛けるようにしてね。

39

「これ買います」と言われたら感謝と喜びをきちんと表わす

*ショップスタッフの喜びはお客様も笑顔にする

接客したお客様から、

「これ、買います」

「これにします」

と言われた時、あなたはどのような気持ちになりますか？


私は、とってもとっても嬉しい気持ちになります。

何が嬉しいかというと、「商品が売れた」ということよりも、「お客様に『自社商品の価値』と『お客様に似合う』ということをわかっていただけた！」

と思うからです。

ショップスタッフとして、お客様のニーズや情報を聞いたうえで、お客様に似合う商品をあなたが一生懸命、提案したら、そのことについてお客様も、

「確かに私に似合うわ」

と同感してくれた——。

これは販売員冥利《みょうり》につきます。あなたの提案を、そしてあなた自身を、肯定してくれたようなものなのです。

私はお客様から、

「これ買います」

と言われたら、**満面の笑顔かつ大きな声**で、

「ありがとうございます」

と感謝と喜びを表わします。


すると、お客様もとても嬉しそうな笑顔になります。

笑顔MAX&大きな声
お客様が商品を決めてくれた時、喜ぶのが恥ずかしいとか思ってない？　そういうプライドはいらないから、捨てて！　ホントは嬉しいくせに、素直じゃないわね〜（笑）
嬉しかったら喜んでいいの！　人は人の喜んだ顔が好きなんだから。お客様は、そういうショップスタッフを見て、さらに「買って良かった！」って思うのよ。喜びを連鎖させなさいね。

そして、帰り際「良い買い物ができた」と喜んでくださいます。

このように喜びを表現することはとても大切です。ショップスタッフの喜びがお客様に伝わると、お客様もその嬉しそうな笑顔を見て笑顔になります。

chapter 6

お会計・お包み・お見送りの時のちょっとしたアクション

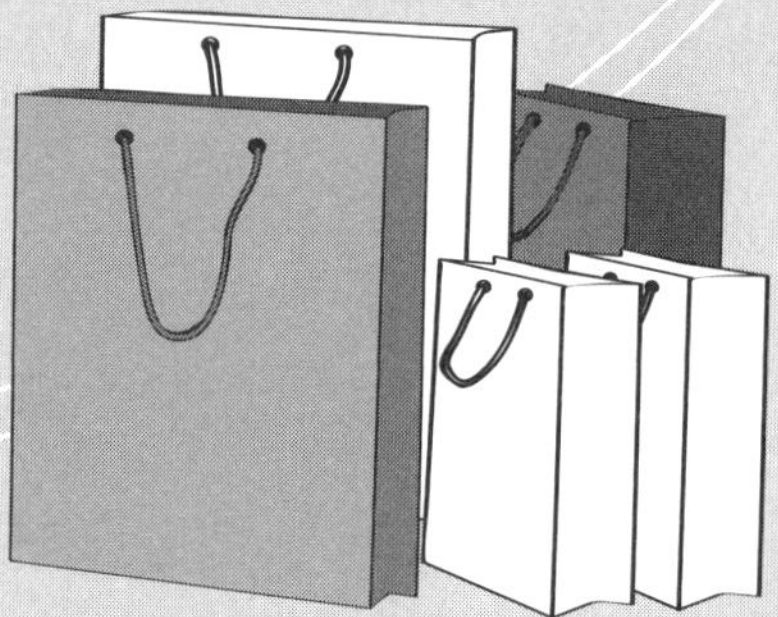

40

お会計は、お買い上げが決まった商品を畳み終えてから進める

＊お買い上げが決まった商品は「お客様のもの」

お客様が「これください」と言って、商品のお買い上げが決まった後、あなたはどんな行動をとっているでしょうか？

仕事柄、いろいろなショップを見て回りますが、このタイミングで残念な行動をとっているショップスタッフが非常に多いのです。

それは、お会計が決まったら商品のタグを取り、その商品を**テーブルにグシャッと置いたまま、**

「3点でこちらの金額になります」

などとお客様に電卓で金額を見せているショップスタッフです。

グシャッと置いたまま
売れないと嘆いているスタッフって、品物をグシャッと置いたまま会計する人が多いのよね〜。これ、見ていて引くわよ。「もし、自分がお客様の立場だったら」と常にイメージする、これが「お客様目線に立つ」ということよ！

その数の多さにとても驚きます。

お買い上げが決まった商品は、「お客様のもの」です。

自分がこれから使う品物が、グシャッと無造作にテーブルに置かれたままになっていたら、どのような気持ちになるかを想像してみてください。きっと、その時のお客様の気持ちがわかるはずです。


私は売上低迷店の店舗コンサルタントをする機会も多いのですが、売上低迷店の大半は、このように商品をきれいに畳まずに、会計を先に行なおうとします。

「お買い上げが決まった商品は、ショップのものではない。お客様のものだ」という意識がないことの表われにほかなりません。


以前このようなことがありました。

忙しい時間帯に、お客様のお買い上げが次々に決まり、カウンター内が人であふれてギュウギュウでした。

そんな中、1人のスタッフが、別のお客様（仮にX様としましょう）の商品の上で、自分のお客様のお買い上げが決まった商品を畳み、お包みを始めました。

その時です。X様は声を荒げました。

「自分が買う商品の上で平気で別の商品を包む気がしれない。こんな店に2度と来ない！」

かなりご立腹の様子でした。


常に、「自分がお客様だったら、**何をされたら嬉しいか。**何をされたら不快に思うか」という目線で、今まで当たり前のようにしてきた自分の行動を見直しましょう。

何をされたら嬉しいか
「丁寧に挨拶されて嬉しかった」「キビキビと働いている時の表情が見ていて感じが良かった」などなど、ショップスタッフである前に、「消費者の1人である自分自身の感覚」も大切にしてね。

41

お包みをしている時も会話が大事。お客様をホッとさせましょう

＊お買い物終了後はチャンス

商品のお包みが終了した後のお客様の気持ちは、「欲しいものが見つかって良かった」と一安心している状況です。

特に、目的の品物を探しに来店されたお客様ほど、その度合いは大きなものになります。

いわゆる「目的買い」をする時というのは、手に入れたい品物のイメージがあったり、ご自身のこだわりが強いもの。なかなか「これだ！」という商品が見つかりにくいなか、ようやく気に入ったものに出会えたのです。ホッとしないわけがありま

せん。

特に女性の場合は、お買い物の途中、休憩がてらカフェに行くなどしてティーブレイクをとることがよくあります。

お買い物は、楽しい一面ばかりではなく、それほど「疲れる行為」でもあるのです。

この時、ショップスタッフの行動としては、買い物が終わってホッとしているお客様と、**会話を通じて、お客様の気持ち（＝お買い物から解放された！）をあなたも共有**しましょう。

こうして気持ちを共有すると、お客様はショップスタッフにより親近感をもち、「私の気持ちをわかってくれている」と、さらに好印象を持ってくださいます。

お客様の気持ちを共有
ここでする会話は、お買い上げいただいた商品に対しての「お似合いだったところ」「こんなコーディネートができます」などの内容がいいわね。さらに、接客中に盛り上がったトークを抜粋し、再度お話をすると盛り上がるわよ。
会計時のトークはお客様の印象に残るから、大いに盛り上げて再来店につなげなさいね！

42

お包み中にお客様が別の商品を見たら「着てみませんか？」とお勧めする

＊買い物終了後は追加で買ってくださるチャンス

買い物が済むまでは、

「気に入るものが見つかるかな。今日、買えるかな」

と不安だったお客様も、買う商品が無事決まると解放感でいっぱいです。

すると、今度は心に余裕ができて、

「ほかにも何かないかな？」

「あれ？　こんなところに良さそうなもの、発見！」

と別の商品を物色し始めることがあります。


あなたが商品をお包みしている間に、お客様が別の商品を見たり、手にしたりする場面、きっと経験があるのではないでしょうか。

そうした時は、**積極的に「着てみませんか？」とストレートに提案しましょう。**

ここまでの接客の過程で、お客様はあなたに心を開いてくださっています。

「そちらの商品は○○製で……」「あちらは限定商品で……」といった商品説明は後回しにして、

「着てみませんか？」

「履いてみませんか？」

「鏡の前で見てみませんか？」

と試着を促してみましょう。商品説明は、その後、会話のところどころに入れていけばよいのです。

この段階では、先にお買い上げいただいた商品と関連づけをしながら説明すると相乗効果が期待できます。

「着てみませんか？」
お包みが済んだ後にお客様が他の商品を見だすと、「そちらよりも、やはりこちらのほうが……」と、包み終わった商品がキャンセルになることを恐れるショップスタッフがいるけど、気が小さすぎ！
お客様は目的の買い物を終えているわけだから、「もう1点買っていただこう」くらいの度量の大きさで接客して大丈夫よ！
もし、買う対象が後から見た商品に変わったとしても、ショップスタッフの仕事は「お客様に買い物を通じて満足していただくこと」。これが基本よ！

43

「山田花子 様」カード決済の場合は名前でお呼びする

＊お名前を呼ぶとお客様とグンと近づく

お支払い方法にクレジットカードを選択されたお客様の場合は、カードの裏に書かれているお名前を確認し、お声掛けする時は必ず**「○○様」**とお名前でお呼びしましょう。

なぜなら、自分の名前を呼ばれたお客様は心理的にショップスタッフに対してさらに親近感がわきます。

また、何か買い物をする用事があった時、「あ、あそこのお店に行こう」と思い出すきっかけにもなります。

お店へ行った時に、ショップスタッフから「○○様」と自分

「○○様」はクレームでも有効

この「○○様」とお名前を呼ぶ行動は、クレームが発生した時も有効よ！

クレームが発生した時、「お客様、申し訳ございません」と謝られるよりも、「○○様、申し訳ございません」と謝られるほうが誠意が伝わるし、お詫びの気持ちがまっすぐご本人様に伝わるのよ。

の名前を呼ばれたお客様は、少し気恥ずかしいかもしれませんが、反面、嬉しさもこみ上げるものです。

その他、何度か来てくださっているお客様の場合は、お顔を見た瞬間に「○○様」とお呼びすると、

「私はここの馴染み客なのだ」

ということを思い出す効果があります。

このように、「ショップスタッフへの親近感」や「自分は馴染み客なのだ」という意識が強まると、お客様の心にショップが印象づけられ、折に触れて足を運んでくれるようになります。

馴染み客
先日、2回行ったことがあるお店で買い物をした時、「たかみず様」と言われて、「え？　覚えてくれてたの？」とちょっぴり感動！　特別感が伝わって、「このお店にまた来よう」って本気で思ったわ（笑）。

44

カードやお釣り銭はひざまづいて目線を合わせて渡す

*カードやお釣り銭は片手で渡さない

最近は、ショッピングセンター、百貨店、駅ビルなど、どのような商業施設でも、店内に椅子やソファを設置する店舗が増えました。

お買い物が決まったお客様に対しては、

「どうぞ、こちらへおかけください」

などと、椅子やソファに腰かけた状態でお会計をすることも多いですね。

そんな時、お会計が終わったカルトン（お客様のカードやお現金レシートなどを置くお皿）を持って椅子に近づき、少しだ

けしゃがんで、

「お待たせしました」

とお渡しするスタッフをよく目にします。


これは、NGです。

たとえしゃがんだ状態であっても、ショップスタッフがお客様を上から見下ろす高さでしゃがんでいる状態では失礼なのです。


お客様のところにカルトンを持って近づいたら、きちんと膝を曲げてしゃがみましょう。

すると目線が合います。そこで、

「お待たせいたしました」

とにっこり微笑みます。

それから、クレジットカードやお釣り銭を**必ず両手でお渡し**しましょう。

両手でお渡し
某有名コーヒーショップへ行った時のこと。お釣り銭やショップカードを片手で渡されて、正直、イラッとしたわ！
時代が変わっても、サービスを提供するお客様にお渡しするお釣り銭などは両手で渡す。アパレルなど店舗での接客であれば、ひざまづいてお渡しする。これは日本のおもてなしの精神でもあるのよ！
それと、「あれ？ クレジットカード、受け取ったかしら？」と、お客様がカードを返却された事実を忘れてしまうことを防ぐためにも、必ず目を合わせて、両手でお渡ししてね。

45

カスタマーカードを記入してほしい時は「セール情報がいち早く届く」とお伝えする

＊お客様が求めている情報を伝えましょう

お客様に**カスタマーカードのご記入**をお願いする時、

「新しい商品が入荷しましたら、ご連絡したいので……」

などと伝えていませんか？

この提案の仕方だと、お客様は、

「また直接来るから、連絡してくれなくてもいいわ」

とおっしゃる方の数が圧倒的に多いです。

「無意味なダイレクトメールが増えるだけだ」と思ってしまうからでしょう。

この場合は、カスタマーカードをご記入いただくことで、お

カスタマーカードのご記入
カスタマーカードって、なかなか記入したくないものなのよ。だって、そこに自分の氏名や連絡先を書いたら、それ以降、余計な情報を山ほど送りつけるショップもあるでしょ？
だからこそ、お客様には「得られるメリット」をしっかりお伝えするの！　メリットは一つ、多くて2つね！　それ以上は「ウザったいわね」と思われるから気をつけてね。

客様にとって「お得な情報」が受け取れることを、まっさきにお伝えしましょう。

お客様にとって何がいちばんお得な情報かというと、それは「セールの情報」です。

特に半期に1度のクリアランスセール時期、お客様は「お買い物に行かなきゃ！」と、自然とセール会場に行きたい気持ちになります。

何よりも欲しいのはセールの情報なのです。

お客様にカスタマーカードのご記入をお願いする時は、「半期に1度のクリアランスセールの情報も、一般のお客様に先駆けて、いち早く届きます」などと、記入することで得られる最大のメリットをお伝えしましょう。

46

手荷物が多いお客様には「おまとめしましょうか?」と声を掛ける

＊お買い上げが決まってからも接客です

以前、お買い上げが決まったお客様がいくつも紙袋を持っていたので、

「お荷物、おまとめしましょうか?」

と言ったところ、**とても感謝されました。**

確かに最近は、お客様が紙袋をいくつか持っていたとしても、「おまとめしましょうか?」と提案するショップスタッフはあまりいません。

ただ、「接客」は、「会計を済ませてもらったら、ハイさようなら」ではありません。お客様が満足してお帰りいただくところまでが接客です。

とても感謝されました
以前、中国人観光客の接客をした時にも同じことを提案したら、「サービスがいい」と褒められたわ。私たちが当たり前のようにやっている接客がお客様に感謝される──。こんな嬉しいことはないわよね! 日本のおもてなしは世界一と言われているくらい素晴らしいのよ。お客様のことで気づいたことがあったら、見逃さず、言葉と行動で示すのよ!

「おまとめしましょうか？」と提案した時、お客様から、

「いいわ。今日は車で来たから大丈夫」

と言われるかもしれません。

仮にそうであったとしても、手荷物の多さをきっかけに、お客様とのコミュニケーションを交わすことができます。

お客様とのコミュニケーションを1つでも多くとれば、必ず次の展開につながります。

お客様の気持ちを「察する」。この大切なことを忘れないようにしましょう。

BAG

47

雨天の時は「雨カバーお掛けしますね」と言う

＊最後をしっかり接客することでお客様は満足する

ショップスタッフのＩさんが、ある雨の日にお客様を接客した時のエピソードです。

レジでお包みをし、お会計を済ませ、そのままお客様にショップ袋を渡そうとした時、お客様からひと言。

「ちょっと。外、大雨なんだけど」

手提げ袋の上に被せることでお客様の荷物が濡れないようにカバーする、ビニール製の雨カバーは、前項で取り上げた、複数のお荷物を１つにおまとめするのと同様に、積極的に提案するショップスタッフは少ないと感じます。

外、大雨なんだけど
私は小雨の時でも、「雨カバーお掛けしますね」と言うようにしているの。すると、またまた中国人観光客に感謝されたわ。「ほかでもたくさん買ったけど、どこも雨カバーを付けてくれなかった。ありがとう」って。ちなみに、このお客様、次の日に4人もお友達を連れてきてくれたの！　あっと言う間に日割り予算達成したわよ。

特に、店内が忙しい時間やレジが込み合っている時間帯などは、そうした消極的な行動が目立つようになります。

「雨が降っているから、雨カバーをしたほうが、本当は親切なんだよな」

と気がついていても、次のお客様への接客があるために、あえて雨カバーを掛けないショップスタッフもいます。

ただ、このひと手間が接客では大切です。

目の前のお客様に対して、まだできることがあるのにそれをやらず、そのままお帰りいただくような接客をするスタッフは、生涯、「今一歩の接客」で終わります。リピーターも増えることはないでしょう。

48

お見送りでショップ袋を渡す時は印象的なひと言を添える

＊お見送りの時も「決めのひと言」を

お見送りの最後に、ショップ袋を渡す時、あなたはお客様に何と言っていますか？

私はお買い上げいただいた商品が、なぜお客様にお似合いだと思ったか、具体的に「ひと言」で伝えています。

最後のこのひと言は、お客様の印象にとても残るようです。

以前、ブルーのニットをご購入いただいたお客様に、「ブルーのニット、今日してらっしゃるブルーのアイシャドーと合っていて、とてもお似合いでした」とひと言添えてショップ袋を渡し、お見送りしました。

chapter 6　お会計・お包み・お見送りの時のちょっとしたアクション

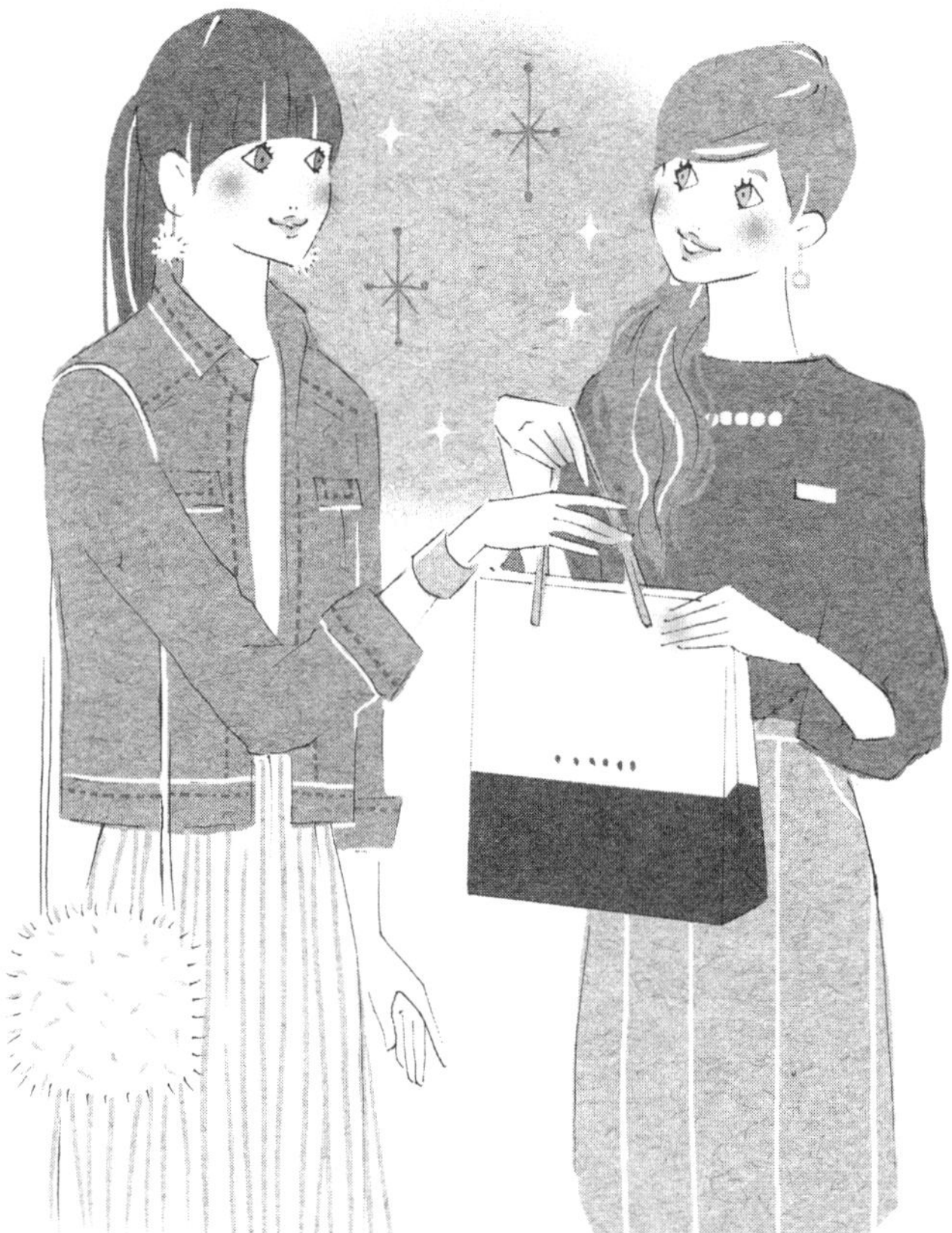

すると、数週間後にそのお客様がまた来てくださり、ひと言。
「あのブルーのニットを着る時は、ブルーのアイシャドーにしてるの！　周りの人からも、とても褒められます」

お見送りの時は、試着をしている時の接客のように、
「○○が△△で□□だから、とてもお似合いです」などと長く言うのはNGです。

接客をしている中で、あなたがいちばん印象に残っていること、「ここが似合う！」という部分を言葉に出して伝えれば十分です。

そして、この最後のひと言は、お客様としっかり目を合わせて言いましょう。

印象的だったことを言う
これ、じつはもう一つ大きな効果があるの。それは「返品防止」。お店で着た時は自分でも「似合う」と思ったのに、家で着てみると「何か似合ってない気がする」って思ったりするのが人間。だから、「この商品はお客様に似合ってます！」と簡潔に最後に言葉で伝えることで、お客様の印象に残るのよ。自宅で迷いが生じた時も、ショップスタッフのそのひと言を思い出すわ。これ、今まで多くのスタッフにやってもらったけど、効果があるわよ！

chapter 7

販売研修でよく受ける質問トップ10へのアドバイス

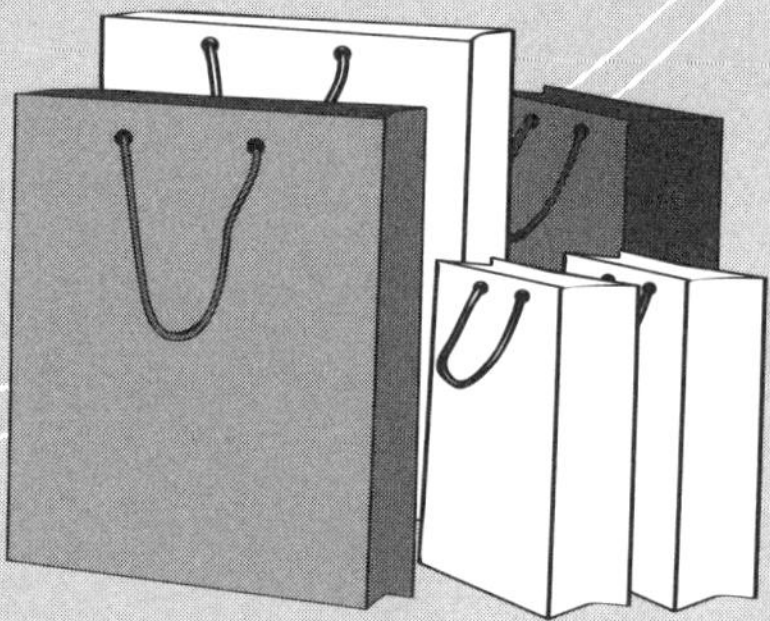

I

お客様が入ってきた早々に声を掛けても嫌がられませんか？

＊アプローチは早いほうがお客様は安心します

私は長年現場でお客様を接客してきました。そして、今もショップでのスタッフ指導で自ら接客することがありますが、誰よりも早くお客様へのアプローチをします。

それでも、お客様に嫌がられたことはありません。

自分自身の経験と、数えきれないほどのショップスタッフのアプローチの仕方を見て、この質問にお答えするならば、もしお客様が早くお声を掛けた時、嫌そうな顔をしたら、それは、**「早い声掛け」が嫌なのではなく、ショップスタッフの「声の掛け方」が嫌**なのだということです。

お声掛け（つまりアプローチ）は、早いほうがお客様は安心します。

なぜなら、「いつ声を掛けようかしら……」とショップスタッフが遠くからジッーと自分の動きを見ていたり、至近距離に立たれて黙っていられるほうが、ずっと居心地が悪いからです。

逆に、お客様が商品を見ているのにスタッフ同士がプライベートな話をしゃべっていたり、接客とは関係のないことをされていると、それはそれで「自分の存在を無視された」とガッカリされます。

ですから、お声掛けの内容だけは気をつけるようにしましょう。

お話する内容はお客様によって変わりますが、意識したいのは「売る気満々ではない言葉」。これですね。

II

何をお勧めしても反論ばかり言うお客様にはどう切り返せばよいですか？

＊まずは肯定しましょう

確かにこういったお客様、いらっしゃいますね。

「私、腕が太いからダメ」

「もう年だから、こんなの着たら笑われる」

「あなたみたいな体型だったら似合うでしょうけどね……」

人は、試着したけど似合わなかった過去の苦い経験や、身近な人から手厳しい意見を言われた時の記憶、昔から感じている体型にまつわるコンプレックスなどによって、「きっと私には無理だ」と思いこんでしまうことがあります。

一度そうした思考に陥ってしまうと、その考えを覆すことは容易ではありません。
ですが、じつは1つだけ方法があります。

たとえば、半袖のブラウスをご提案した後、お客様から、「腕が太いから……」とネガティブなことを返された時、あなたは、

「そんなことないですよ〜」

と言っていませんか？ **これがNGなのです。**

人は、「そんなことはない」と否定されると、余計に自分の考えを固持（肯定）したくなる傾向があります。

そこで、お客様からネガティブなことを言われたら、意外に思われるかもしれませんが、**まずは肯定しましょう。**

といっても、勘違いしないでください。お客様に、

「そうですね。確かに腕、太いですすもんね」

と肯定するのではありません。

「わかります。二の腕って気になりますよね」

と、自分もお客様と同じ悩みがあることに対して共感します。

ただし、このような時、もしあなたが普通の人よりもスリムな体型だったりすると、この共感は、逆にお客様の反感を買う場合があります。その時は、

「わかります。最近このような短い袖の服が多いのですよね」

と、「短い袖の服だと二の腕が目立ち、太く見えると思っている」というお客様の考えに共感しましょう。つまり、お客様の気持ちを一度しっかり受け止めて共感するのです。

その後に、腕が太く見えない、お勧めしたい商品が思い浮かぶのであれば、その商品をお勧めする理由をお話したり、腕が隠れる羽織りものを提案してみましょう。

この流れですと、お客様はショップスタッフの提案を受け入れやすく、最初は否定していた袖が短めのブラウスと羽織りもの、両方に興味を持ってくださいます。

III

何も買わず、自分の話ばかりして帰るお客様がいて困っています

＊遠まわしにサインを出す

何か商品を見ることもなく、まして買うこともなく、ずっと自分の話ばかりして帰るお客様は案外多いですね。

特に、忙しい時間帯や、ショップスタッフの人数が少ない時、こうしたお客様がおられると本当に困ります。お気持ち、お察しいたします。

そのような時は、お客様を尊重しつつ、「じつはこちらが困っている」ということを理解していただけるように、遠まわしにサインを送りましょう。

具体的には次のような言葉掛けをします。

1. 今日はお時間、大丈夫ですか？
2. お忙しいのに貴重な（楽しい、いろいろな）お話を聴かせてくださり、ありがとうございます。
3. ○○様！　甘えて申し訳ございません。○○様だからこんなことが言えるのですが、私、今から△△をしなければならなくて……。

1つひとつ補足していきましょう。

1. 今日はお時間、大丈夫ですか？

この問いかけによって、お客様ご自身がわれに返ります。一方的にしゃべっている方は、時間の経過を忘れていたり、自分が一方的にしゃべっていることに気づいていないことが少なくありません。

あなたが相づちを打つタイミングで、この言葉を「時計を見る仕草を入れながら」言いましょう。

2. お忙しいのに貴重な（楽しい、いろいろな）お話を聴かせてくださり、ありがとうございます。

これは話を決着させるトークです。

このように話の着地点を示すことで、お客様は、

「そろそろ話す時間は終わりなのだ」

「話の『まとめ』に入ったな」

などと理解してくださいます。

それでもわかってくださらなければ、トークの語尾を、「ありがとうございます」ではなく、

「ありがとうございました」

と過去形にすることです。確実にお客様に伝わります。

3.「○○様！　甘えて申し訳ございません。○○様だからこんなことが言えるのですが、私、今から△△をしなければならなくて……。」

これは既存客に使うとよいでしょう。お客様の懐に飛び込むトークです。

ショップスタッフがこのように言うことで、お客様は特別感を持ってくださいます。

これらのトークは、話す時の表情にもポイントがあります。

1は心配そうに

2は「思いっきり」ではなく「少しだけ」の笑顔で

3は困った表情で

行なうことで、よりリアルにお客様に伝わります。

IV

外国人観光客のお客様を接客する時のポイントを教えてください

＊相手が何を言おうとしているのか理解する努力を

語学が堪能でなければ外国人のお客様とコミュニケーションがとれないと思いがちですが、そんなことはありません。

・表情
・身振り手振り
・アイコンタクト

で十分コミュニケーションがとれます。

ただし大切なことが1つ。それは、**理解しようとする**ことです。

相手の言葉の意味がよくわからないと逃げたくなることでし

ょう。そこを逃げることなく踏ん張って、お客様の表情や目線をしっかり見て、何を言おうとしているのかを理解しようとしてください。

そして、片言の言葉でかまわないので、それを言いながら、できる限りのジェスチャーをしましょう。

以下、外国人の方への接客のポイントです。

1. 笑顔でご挨拶
2. 積極的なアプローチ
3. 試着・試食はすぐに勧める
4. 興味があるとわかったら値札を見せる
5. まったく違うアイテムも積極的に提案する

1つひとつ補足していきましょう。

1. 笑顔でご挨拶

外国人のお客様の大半は、日本人の私たちが海外に行く時に旅行ガイドなどを読んでちょっと勉強するように、日本の挨拶を前もって調べてから来日しています。

ショップに外国人のお客様が入店されたら、しっかりご挨拶をしましょう。

ポイントは、日本人のお客様に向ける笑顔よりも大げさな笑顔、かつ、身動きしながら「いらっしゃいませ」と言わずに、立ち止まってお辞儀を添えて「いらっしゃいませ」とご挨拶をすることです。

このお辞儀は日本独特の習慣ですし、「いらっしゃいませ」という言葉も日本語なので、感動される方も多く、外国人のお客様は好印象を持ってくださいます。

2. 積極的なアプローチ

これは日本人のお客様に対する時よりも積極的なアプローチということです。

日本人客へのアプローチは、「嫌がられないように様子を見ながら行なう」というショップスタッフが多いと思います。外国人のお客様には、これと同じことをしなくても大丈夫です。つまり、いつもより神経質にならなくてもよいということです。

なぜなら、日本人のお客様と違って、外国人のお客様はショップスタッフを、「商品のアドバイスをしてくれるプロ」として見てくれるからです。

ですから、入店された直後からショップスタッフが近づいても嫌がる方はあまりいません。

お客様が特定の商品の前で立ち止まったり、触れたりしたら、積極的に商品を広げたり、服の裏側やバッグの中などをしっかり見せて差し上げましょう。

3．試着・試食はすぐに勧める

これは大きなポイントです。

外国では日本と違い、ショップスタッフからの積極的な試着、試食の提案は習慣としてありません。

ですから、日本のショップのように、「ここに展示されているたくさんの商品の中からお選びください」というオープンな姿勢には驚かれるのです。

以前、フランス人のお客様を接客した時、懸命に試着を勧めて様々なお洋服を着ていただいた時も、お客様はとても感動されている様子でした。

これは他の国にはない、日本だけの「おもてなし」です。積極的に試着や試食をお勧めしましょう。

4. 興味があるとわかったら値札を見せる

これも日本とは大きく違うポイントです。

日本人は、商品の値段を聞いたり、値札をチェックすることを、どこか恥ずかしい行為と思っている人が少なくありません。

ところが、外国人、特に中国の方は、そうではありません。その商品の価値を値段を見て知るからです。


外国人のお客様にアプローチをして、その後、特定の商品に興味があることがわかったら、値札を見せたり、電卓を叩いてプライスをお伝えしましょう。

5. まったく違うアイテムも積極的に提案する

観光旅行で来日されているお客様は、「日本で何か買って帰りたい」という心理を持っています。

特に、「メイド・イン・ジャパン」の商品は、とても価値があると思っているお客様が非常に多いです。

以前、中国人のお客様を接客している時、お客様はワンピースをお探しのようでした。しかし、どれを着てもしっくりこない様子です。

いよいよご提案するワンピースも最後になり、そちらを試着しながら浮かない表情で鏡の前に立つお客様に対し、私はある行動にでました。その時、とても人気のあったメイド・イン・ジャパンのハットをお客様にかぶせたのです。

すると、お客様はとても気に入ったご様子で、3色あったハットをそれぞれ2つずつ買ってくださいました。

このように、外国人観光客には、最初に関心を持たれた商品をある程度お勧めしたら、今度はまったく別のアイテムをお勧めすることも効果的です。

ちなみに、外国人のお客様は全体的におおらかで、表現がハッキリしています。

そのため、日本人の控えめなアクションはわかりづらいと感じますから、ショップスタッフも、表情やジェスチャーで大きくハッキリ表現しましょう。

V

お客様が怒りながらクレームを言ってきた時、どう対処すればよいですか？

＊2次クレームを避ける初動を心がけましょう

確かにお客様がご立腹されていると、怖くてお客様の顔を見られないですよね。わかります。

ただこの時、ショップスタッフが下を向いていると、お客様は、この状況をスタッフが理解してくれているのかどうかがわからず、さらに怒りがこみ上げてきて**2次クレーム**につながります。

2次クレームを訴えるお客様の怒りはさらに倍増します。**最初のクレームの時に丁重に謝罪しましょう。**

このような場面では、次のポイントを把握しておくと感情に流されずにしっかり対応できるようになります。

1. まずはお詫びする
2. お話をうかがう
3. 返品・交換を提案する

1つひとつ補足していきましょう。

1. まずはお詫びする

まずは丁重に謝罪をすることです。

「お店側は悪くないのに……」と思われるようなケースもあるかもしれません。

しかし、最初のお詫びはお話をうかがう前にしますから、「いずれにしても当店でご不快な思いをさせたことに対して」の謝罪です。

「○○様。この度はご不快な思いをさせてしまい、たいへん申し訳ございません」

と、しっかり目を合わせて謝罪しましょう。

2. お話をうかがう

謝罪の後はお客様のお話をよく聴きます。

この時、「怒っている」と言う部分にばかり、あなたの意識をフォーカスすると、恐怖感が優先されてしまい、顔がだんだん下を向いてしまいます。

「お話をうかがう」というスタンスでいると、お客様の表情ではなく、話の内容（事実関係）に意識をフォーカスできます。

この時もゆっくり深く適度にうなずきながら、お客様のお話をしっかり聴いていることを体を使って表現しましょう。

3. 返品・交換を提案する

お客様の話に耳を傾けていると、「返品したい」「別の商品に取り替えてほしい」など、お客様がどうしたいのかがわかってきます。

この判断については、いくらお客様のご要望であるとはいえ、あなたの一存で決めてはいけません。店長やサブに相談してから、対応策をお伝えしましょう。

お客様のご要望を聴いた後は、

「ただいま確認いたします」

などとお伝えし、店長などに細かく状況を報告のうえ、ジャッジを仰ぎましょう。

155　chapter 7　販売研修でよく受ける質問トップ10へのアドバイス

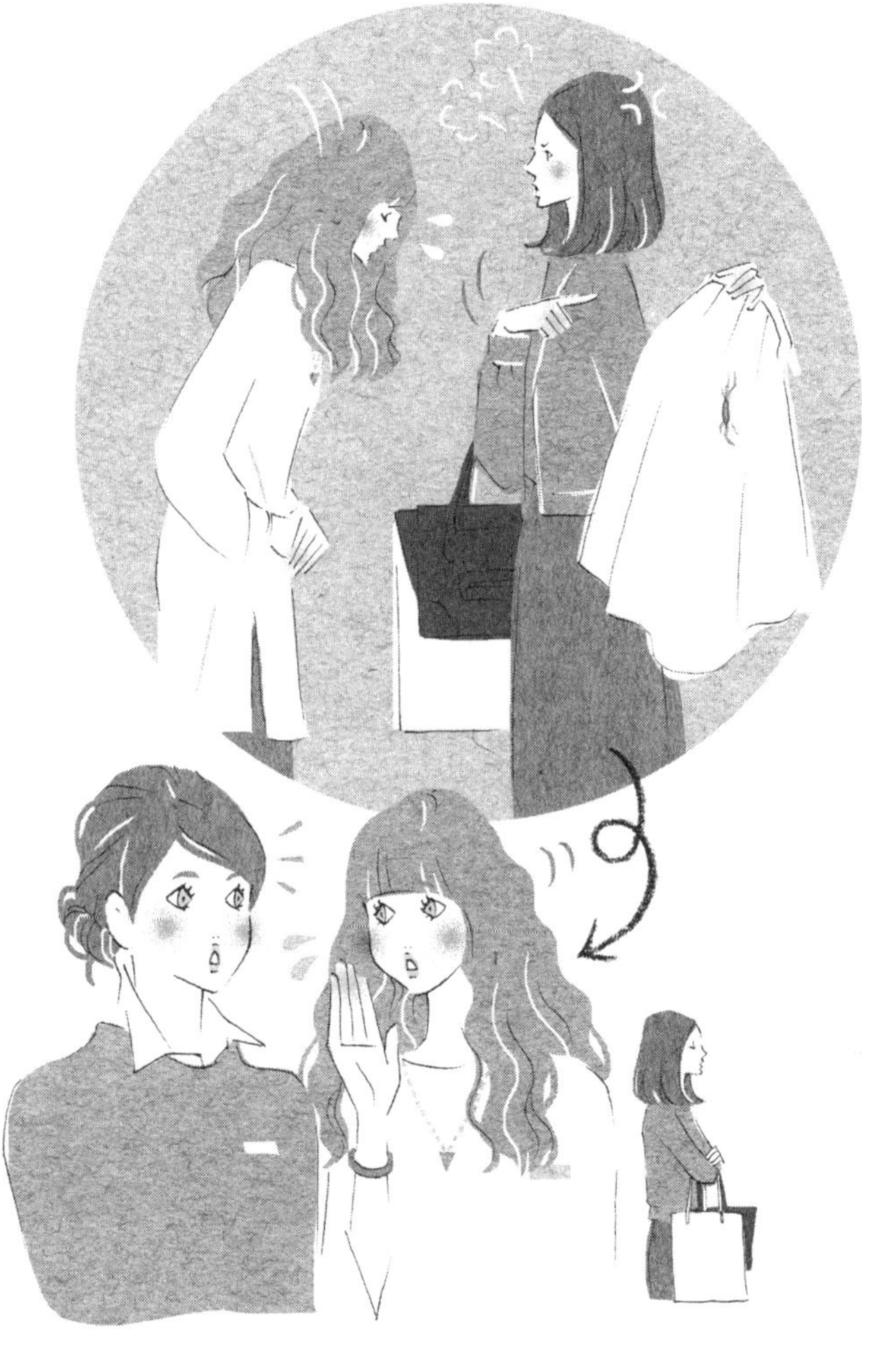

VI

お得意様がまったく来なくなりました。何かできることはありますか？

＊まずは手書きのＤＭを送りましょう

ショップというのは定番商品も多く、扱う商品やそのテイストも大きくは変わりません。

今までよく来てくださっていたお客様であったとしても、「考えてみたら、もう同じようなものを十分持っている」などと商品に飽きてしまい、ご来店がなくなることはよくあることです。

とはいえ、お得意様だった方がまったく来なくなると、少し心配になりますね。

そんな時は**手書きの文章を添えたダイレクトメール（ＤＭ）**

を送りましょう。

内容は、「ご機嫌、いかがでしょうか?」といったありきたりなことではなく、お客様と今までお話したトーク内容などを盛り込みます。この場合、商品の売り込みはやめましょう。

タイミングとしては、季節の変わり目に出すのが効果的です。人は季節の変わり目に気持ちも変わり、ワクワクしてきたり、何か新しいものが欲しくなったりします。この時期ですと、お店に足を運んでくださりやすくなるのです。

このDMで反応がなくても、その後、イベントなどがあった時には、必ず手書きの文章を添えてDMを送るようにします。そこには、「最近、いらっしゃらないので心配しています」といったことは決して書かずに、イベント開催のお知らせと、近況をうかがうような内容を書くとよいでしょう。

このように、商品の売り込みのDMも、必ずお客様へのパーソナルなコメントを添えて、定期的、かつ、自分のことを忘れられないような頻度（3か月から半年に1回くらい）は出し続けましょう。

新商品でそのお客様にお似合いのものがあれば、大がかりな形ではなく、さりげなく写真を同封してもいいかもしれません。こうした努力によって、ふとしたタイミングで来店してくださる確率が上がります。

VII

私も新人なのにバイトの教育係に！指導法を教えてください

*自分のしている行動をわかりやすく伝える

私も入社1か月後に教育係になったので、そのご苦労やたいへんさがよくわかります。

指導するポイントをお伝えする前に、まずはこの心得だけ念頭に置いてください。それは、

「自分の尺度で相手を見ない」

ということです。

後輩は右も左もわかりません。仮に、あなたが3か月前に入社したのだとしたら、「3か月しかお店にいない」ではなく、「3

か月もそのお店にいる」のです。

3か月あれば、業務をする時も「自分なりのスタイル」があっておかしくありません。

後輩は「右も左もわからない」ということを常に頭の片隅に置いて物事を説明するようにしましょう。ポイントは次の3つです。

1. 具体的に指示・指導をする
2. どうしてそれをするか理由づけをする
3. 繰り返してもらう

1つひとつ補足していきましょう。

1. 具体的に指示・指導をする

後輩に対して、

「〇〇をしないとたいへんだから、最初に〇〇をしてください」
「もっとちゃんとやってください」
といった「ものの言い方」をしていませんか？

誰かを指導したり、指示を出す場合は、
・なぜ、それをしないと「たいへん」なのか？
・「ちゃんとやる」とはどういうやり方を指すのか？
というように、「たいへん」「ちゃんと」という、あいまいな部分をできる限り具体的に説明しましょう。

ほかにもよく使う言葉に、「もっと意識して」の「意識」がありますが、これもそうです。右も左もわからない後輩からすれば、「何を意識するのだろう？」と思うはずです。

まずは、自分の口から出ている言葉が、誰が聞いても理解できるわかりやすさや具体性があるかを確認しましょう。

2. どうしてそれをするか理由づけをする

指示・指導する時は、「それをやる意味」を伝えましょう。

たとえば、新人のAさんに対して、

「パッキン（ダンボール）、向こうに移して」

と言うだけですと、Aさんは次の日も同じ場所にパッキンを置こうとするでしょう。

指示・指導をする時は、「なぜパッキンを移すのか」、その理由もしっかり伝えるのです。

「Aさん、ここにパッキンを置くと、通路を歩くお客様がこちらを見た時、お店が汚く見えるから、この目立つ場所にはパッキンを置かずに、あっちに移して」と言いましょう。

時間があれば、Aさんに通路から店内を実際に見てもらい、お客様の気持ちをくみ取ってもらうとよいでしょう。

このように説明すれば、Aさんは納得して、今後その場所はもちろん、お店の美観を損ねる場所にも置かないでしょう。

3. 繰り返してもらう

特に、何かトラブルがあって叱った一番最後に「繰り返してもらう」を行ないます。

「Aさん、なぜ私が○○をしてはダメだと言ったか、繰り返してみて」

と伝え、今、伝えた内容を復唱してもらいます。

後輩が指導内容を繰り返した時、あなたが言ったことを理解していなければ、再度伝えて、また最後に繰り返してもらいます。

自分が伝えた内容と同じことを言えたら「相手が理解した」と思って大丈夫です。

VIII

流行をどう把握すればよいでしょうか。お客様のほうが詳しくて焦ります

＊お客様の情報に乗るのも一案

洋服は毎シーズン、いろいろなトレンドがあって、すべてを把握するのはたいへんですよね。

手っ取り早く把握する近道は、雑誌を読むことです。**自店の客層をターゲットにした雑誌を毎月何冊か目を通す**だけでもキーワードを把握できます。

また、店長に聞いたり、本部の企画部門に問合せをして聞くのもアリです。

なぜなら、ショップスタッフが一番知っておかないといけな

いことは、「世の中のトレンドが、自店のブランドにどのように反映されているのか」ということだからです。

「今年のトレンドは○○で、カラーは△△。当店ではトレンドの○○に□□を加えてブランドらしさを出してます」

といったお客様へのトークは説得力がありますからね。


また、お客様のほうが自分よりもはるかに詳しい情報を話してくださったら、

「よくご存じですね」

「すごいです」

というように、相手の知識に乗ってしまうという対処法も、接客としては問題ありませんよ。

IX

店長を前にすると緊張してしまいます。普通に話せるようになりたいです

＊一緒に休憩や食事をすると親近感が増します

店長には、「ショップを予算達成に導く」という大きな使命があります。その影響もあって、厳しさが表情などに出ていても仕方がありません。

とはいえ、スタッフとしては怖く感じてしまうのも、もちろん理解できます。

たとえば、**店長と休憩を一緒にとったり、仕事終了後に食事に行ってみてはどうでしょうか？**

私にも店長だった時代がありますが、恐らく世界一怖い店長

のレベルだったと自分自身でも確信しています。

仕事中はどうしても「鎧《よろい》」を着ている店長が多いのです。ところがスタッフ全員で食事に行った後、スタッフは私に親しみを覚えたようで、休憩中や接客していない時などにも普通に話しかけてくるようになりました。

食を共にして、相手の素の部分や、仕事以外の「今まで見えなかった部分」も見えてきたのでしょう。


店長を前にすると緊張するようであれば、積極的に食事会といった自店のイベントに参加し、あえて店長のそばに座って話すようにしてみましょう。

休憩も一緒に出られるようであれば、一緒のタイミングで休憩すると、店長の人間らしい部分が見えてきて、普通に話せるようになります。

X

店長の機嫌が悪い時に聞きたいことがある場合、どう話しかければよいですか？

＊「○○の件」と用件を定めておうかがいを立てる

店長の機嫌が悪い時でも、お客様のこと、商品のこと、テナントのことなど、確認事項があって店長の意見を聞かないといけないことはありますよね。

そんな時は、まず最初に本題ではなく、
「店長、お忙しいところ申し訳ございません。○○の件でうかがいたいことがあるのですが、今、よろしいでしょうか？」
と最初におうかがいを立てましょう。

「○○の件」を入れることがポイントです。

○○の件…

お客様に関する急ぎの用件であれば、

「今、店頭でお待ちいただいているお客様の件で、急ぎでうかがいたいことがあるのですが、よろしいでしょうか？」

と言えば対応してくれるはずです。

ただし、今聞かなくてもいいことを聞こうとするのはダメです。優先順位を考えましょう。

さらに、聞き終わったら必ず、

「お忙しいところ、ありがとうございました」

と言うことを忘れずに！

慌てていると、

「はい、わかりました」

で終わりがちですが、自分の話に耳を傾け、アドバイスをくれたことに御礼を言うのは社会人の常識です。

こうした、ちょっとした日々の積み重ねが、いずれは他のスタッフとの大きな差になるのです。

おわりに

最後までお読みいただき、ありがとうございます。

本書は「実践した者勝ち」の内容ばかりです。

きっと早々に、あなたが接客すると商品は売れるようになり、お客様からは喜ばれるようになることでしょう。


そして、「はじめに」のところで触れましたが、最後に1つだけ、私からとっておきのアドバイスを……。


本書の内容を実践する時に、とても大切なことがあります。

それは、これらの接客・販売の技術をさらに生かすには、**「自分自身に対する心の在り方」**が重要だということ。

あなたが、「私がいくら頑張ったって売れるはずがない」「きっとできない」と思いながら、本書に書いてある行動をしていては、売れるはずの商品も売れないということです。


これは接客・販売に限らず、どんな技術もそうです。

なぜなら、接客している時、あなたの「自信のなさ」が言葉や行動のあちらこちらに表現されてしまうからです。

お客様は自信のない販売員から商品を買いません。

商品が光って見えないからです。

だからこそ、

「最初から最後まで、私はこの本をしっかり読んだ！」

「だから、きっとできる！」

「とにかく明日から、いや今日からやるんだ！」

という気持ちを持って、本書に書いてある内容を「本気」で実践してください。


「自分に自信を持つこと」に、理由や裏づけなんか、なくていいんです。

そう語っている私自身、新人の頃は自信のない、頼りない販売員でした。

売れなくて、困って、もがいて、あたふたして――。

「もう、どうしよう……」

「私、この仕事に向いてないのかもしれない……」

泣きたい気持ちを隠しながらお店に立っていた時がたくさんありました。

そんな自分が、ある日、

「ごちゃごちゃ悩んでても仕方がない。とにかくやるんだ！」

と腹をくくった時から、なぜか商品が売れ始めました。「もう悩んでいるだけの販売員からは卒業する」。そう覚悟を決めた瞬間でもありました。

「自分自身への心の在り方」を意識することと、本書で紹介した「技術」をワンセットにして現場に立ってください。きっと、ミラクルが起きます。


最後にお礼を言わせてください。

これまで全国の研修・講演・セミナー・コンサルでお会いした接客・販売パーソンのみんな、ありがとう！　いつも皆さんを応援しています。

そして、今回、本書を書くにあたってたくさんのご協力をくださった日本実業出版社の佐藤美玲さん、ありがとうございます。
最後に、いつもそばで応援してくれている亡き父、今も元気いっぱいの母に感謝します。

この本がたくさんの接客・販売パーソンの元に届き、楽しく喜びに満ちた仕事ができますように！

2016年11月吉日

たかみず保江

たかみず保江（たかみず　やすえ）
接客・販売コンサルタント
ブライトスターUniversity株式会社 代表
1970年生まれ。大学卒業後、ジャヴァグループ入社。婦人服（株）ビッキーに配属され、１か月で店長に抜擢。その後、サザビーリーグ（株）ファーイーストカンパニーに転職。ＡＮＡＹＩ（ＯＬ向けの婦人服）新宿伊勢丹店にサブで配属され、翌年店長に昇格。スーパーバイザー、エリアマネージャーを経て、2006年に販売統括課長（２ブランド61店舗）。社内初の女性役職者となる。全国店舗で自ら販売をしながらスタッフ指導を行ない、短期間で次々に売上を上げる。特に、担当の新宿伊勢丹店は10年連続社内全国１位。個人売上も８年連続社内全国１位を維持。2008年、ブランドや企業にこだわることなく、多くの販売員の力になるため独立。
現在は、ショップスタッフに向けた接客・販売の研修・セミナーの講師や、得意とする現場に立ちながらの臨店指導などで全国のショップをかけまわりながら、自身の技術をベースにした「ミラクル接客塾」で後進の育成に努める。カリスマ販売員としてメディアにも多数出演。
ブライトスターUniversity株式会社　http://mirakurujyuku.com/
ミラクル接客塾　http://ameblo.jp/mirakurujyuku/

売《う》れる販売員《はんばいいん》が新人《しんじん》のために書《か》いた 接客《せっきゃく》・販売《はんばい》の教科書《きょうかしょ》

2016年11月10日　初版発行

著　者　たかみず保江 ©Y.Takamizu 2016
発行者　吉田啓二

発行所　株式会社日本実業出版社　東京都新宿区市谷本村町３−29 〒162-0845
大阪市北区西天満６−８−１ 〒530-0047
編集部 ☎03-3268-5651
営業部 ☎03-3268-5161　振　替　00170-1-25349
http://www.njg.co.jp/

印 刷／堀内印刷　製 本／若林製本

この本の内容についてのお問合せは、書面かFAX（03-3268-0832）にてお願い致します。
落丁・乱丁本は、送料小社負担にて、お取り替え致します。

ISBN 978-4-534-05442-5 Printed in JAPAN

〈明治エッセルスーパーカップ 超バニラ〉（以下、エッセルスーパーカップ）の登場である。

明治のホームページの記述に、「味の濃さが『スーパー！』、ボリューム感が『スーパー！』という意味から、スーパーカップと名づけました。」とあるが、まさに消費者にとっても「見てビックリ！」「食べてビックリ！」の商品の登場であった。

この「2つのスーパー」が、エッセルスーパーカップ市場導入にあたってのマーケティングのキーコンセプトということができる。

〈エッセルスーパーカップ〉の原型、1991年発売〈明治エッセル〉。

1994年、発売当時のパッケージ。

つまり、エッセルスーパーカップはサイズやボリュームで差別化を図る量のマーケティングではなく、小売価格100円の設定の中でいかに消費者ニーズを満たすかというパフォーマンスのマーケティングを展開したのである。

「超バニラ」はイノベーションの証し

既成概念を超えた商品づくり

エッセルスーパーカップのパッケージに印刷された成分表示などを見ると次のようになっている。

種類名称	ラクトアイス
無脂乳固形分	8.5%
植物性脂肪分	13.0%
卵黄脂肪分	0.5%
原材料名	(砂糖、水あめ、ぶどう糖果糖液糖)、乳製品、植物性脂肪(パーム油、ヤシ油)、卵黄、食塩、香料、安定剤(セルロース)、アナトー色素、(原材料の一部に大豆を含む)

ここに記されているように、エッセルスーパーカップはラクトアイスに分類される。

ちなみに、一般的に「アイス」と呼ばれる食品は、氷菓とアイスクリーム類に分類され、アイスクリーム類はさらに乳成分の量によって３つに分けられる。乳固形分15・０％以上（うち乳脂肪分８・０％以上）の「アイスクリーム」、乳固形分10・０％以上（うち乳脂肪分３・０％以上）の「アイスミルク」、乳固形分３・０％以上の「ラクトアイス」である。

一般的には、乳固形分と乳脂肪分が最も多く含まれているアイスクリームが最も濃厚な味になると考えられている。

しかし、濃厚な味を追求すればするほど、アイスクリームのコストはかさむ。エッセルスーパーカップのように２００㎖という容量を設定すると、当時の販売価格である１００円では原価割れにおちいってしまう。

そこで、エッセルスーパーカップはあえて乳脂肪分を０％とし、その代わりに植物性脂肪分13・０％と卵黄脂肪分０・５％という成分で、「濃厚な風味」を保ちながらも「シャープなキレ」のある味を創り出した。さらに、オーバーラン（空気含有率、一般的なアイスクリームは60〜１００％）をプレミアムアイスクリーム並に抑えて、重量感のある「なめらかな舌触り」を実現したのである。濃厚なアイスクリームをつくる上では当たり前と思われていた乳脂肪分の比率をまったくのゼロにする、既成概念を超えた商品づくりだったのだ。

明治が培ってきたアイスクリームづくりの技術が創り出した、イノベーティブなバニラ。それがエッセルスーパーカップというわけである。

日本の「バニラの王道」を行く

100円という価格で質も量も得られる商品に

イノベーティブな商品が市場に受け入れられるかどうか、そこには常にチャレンジ精神が求められる。

１９９４年の明治が市場に送り出そうとした「エッセルスーパーカップ」は味に自信があり、ボリューム感も他商品を凌駕する新商品であった。不安な点はただ一点。それは成分組成からラクトアイスに分類されてしまうことだった。明治の社内にも、ラクトアイスというだけで市場に受け入れられないのではないかと危惧する声があった。

そこで、発売前に消費者調査を実施した結果、味覚調査および購入意向において、競合商品と比べて過去に例を見ない圧倒的に高い支持を受けた。この調査結果がフォローの風となって、エッセルスーパーカップは世に出て行く。

発売当時を知る、現・アイスクリーム営業部マーケティング１グループ長の今井丈二は、こう振り返る。

「発売当初、バニラカップではすでに他社の定番商品がありました。ですから、これまでの食べ慣れた味がいいというお客様もいれば、新しいエッセルスーパーカップがおいしいというお客様もいました。半々という感じです。ただ、違っていたのは、エッセルスーパーカップの『100円という価格に対する、商品としての価値観』でした。100円でこんなにおいしくて、こんなにボリュームがある。そこを認められるようになって、右肩上がりで伸びていったのです」

明治のチャレンジは功を奏し、エッセルスーパーカップは発売初年度から100円売りカップアイス市場でトップに躍り出た。100円という価格で、質も量も大満足させる商品であることが認知されたということである。

そして、1996年には食品ヒット大賞、日経優秀製品賞を受賞するヒット商品となった。

懐かしのCM

2003〜04年「ゲーム篇」。

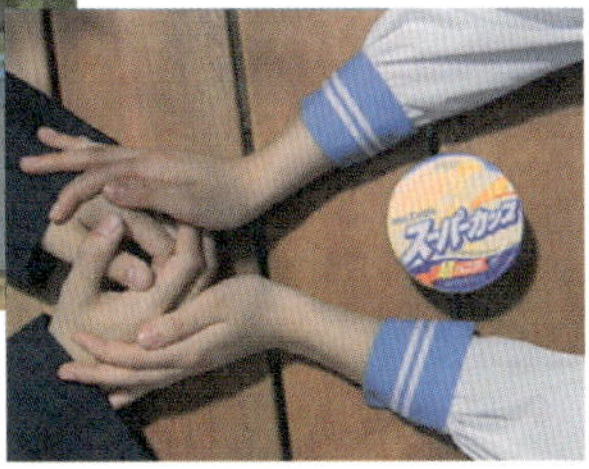

2007〜08年
「ときめき篇」「超スキ篇」。

発売20年で30億個以上を売り尽くす

カップアイスの定番となったエッセルスーパーカップは、その後も順調な販売を記録していく。発売9年目の2003年に累計10億個を記録し、さらにその5年後の08年には累計20億個を突破した。14年の夏には累計34億個を突破した。この数字から、年を追うごとに売上が加速していることが分かる。

この間、2002年に90㎖のミニカップが6個入ったマルチカップ商品〈明治エッセルスーパーカップミニ〉を発売。スーパーマーケットなどでのマルチカップニーズに応えた。

2003年にはバニラだけでなく味の違うアプリケーションを展開する4品体制（旗艦商品3品＋シーズン商品1品）をスタートさせ、年間を通じて味を選ぶ楽しさも提供するようになった。現在では、新しいシーズン商品が発表されると、ツイッターやフェイスブックなどですぐに反応が出るようになっている。また、「あのフレーバーを復活してほしい」という要望も消費者から届く。

「バニラの王道」という自負

４品体制となっていろいろなフレーバーが登場してはいるが、それでもエッセルスーパーカップのブランド・コアは「超バニラ」であることに変わりはない。

それは消費者の選択というだけでなく、メーカーとしての明治の自負でもある。２００５年、パッケージに「バニラの王道」という言葉を付け加えたのは、その表明ともいえる。それ以前に入っていた言葉は、00年が「おいしさプレミアム級」、01年から05年までが「おいしさ新基準」である。

00年時点では、「この価格ではあるけれど、おいしさはプレミアムアイスに匹敵する」とパフォーマンスのよさを言っている。それから、「この味が、バニラの新基準です」と、〃バニラの軸〃へシフトすることを狙った。そして、05年にとうとう「ここに、バニラの王道あり！」と宣言したわけである。

「アイスクリームでバニラアイスは、各社の旗艦的な存在といえます。その成熟したバニラアイスの市場の中で、我々のエッセルスーパーカップが最も多くの方々に食べていただいているということは、とても大きい事実です。それは、『エッセルスーパーカップの超バニラがバニラアイスだ』と思っていただいているお客様がたくさんいらっしゃる、ということだと受け止めています」

そんな今井丈二の言葉は、「バニラの王道」を行くエッセルスーパーカップというブランドに対する、明治の自負を感じさせるものだった。

かつて、明治はレディーボーデンを、「アイスクリームの芸術品」というキャッチフレーズでブランド訴求した。

その明治が、今日、アイスクリームのメーン市場で展開するエッセルスーパーカップは、芸術的なセンスとは対極にある緻密な商品設計と高度な技術力によって創り出されている。「芸術品」に比して言うならば「普及品」であろう。だが、これは並の普及品ではない。

KEYWORD

王道のバニラという基本価値回帰

【基本価値】

商品やサービスの根源となる基本的な価値のこと。

アイスクリームといって思い浮かぶのはバニラアイス、という人が圧倒的に多いだろう。バニラアイスは、まさにアイスクリームの中のアイスクリームであり、そこにチョコチップを加えたり、抹茶を加えたりと、バニラアイスを中心としてアイスクリームの差別化が行われてきたといっていいだろう。しかし、明治の〈エッセルスーパーカップ〉は、モデルチェンジの際にあえてアイスクリームの基本価値をもう一度見直して、バニラの王道への回帰を果たした。アイスクリームの基本はバニラアイスであることを再認識したのである。

基本価値にこだわりながらも、〈エッセルスーパーカップ〉は通常のアイスクリームよりも乳固形分と乳脂肪分の少ない「ラクトアイス」となっている。時代の味覚や嗜好に合わせた結果だが、それが「濃厚」と「キレ」という相反する要素を両立できるイノベーションとなったのである。

あとがき

本書を書き始めてからすぐに、アイスクリーム年間販売額の２０１３年の数字が集計されてきて、これまでのピークだった１９９４年を上回る４３３０億円に達したことが分かった。その数字は、プロローグの図１に反映した。２０１４年の数字はまだ出ていないが、さらに上回る数字が上がってくるだろうと予想されている。このことは、アイスクリーム業界のこの約10年のＶ字回復が本物であったことの証左になるであろう。本書で紹介した各社の努力がまさに実を結び、アイスクリームのマーケットが活性化し続けているということである。アイスクリームのマーケットが元気なことは、私のようなアイスクリーム好きにとっては、たいへん嬉しいことでもある。

さて、本書はアイスクリーム業界を主題としているが、商品をつくったり売ったりするすべての業界の方々の参考になると考えている。商品開発、技術革新、マーケティングなど、すべてのベクトルが一つになって消費者マインドにピタリと焦点が合ったときベストセラー商品が生まれてくるということは、どの業界でも変わらないからである。

本書を完成させるにあたって、日本アイスクリーム協会と協会会員各社の絶大なるご協力をいただいた。次頁に列記するとともに、深く感謝申し上げたい。

2015年2月　著者

■協力（会員企業は50音順）

赤城乳業株式会社

井村屋株式会社

江崎グリコ株式会社

オハヨー乳業株式会社

協同乳業株式会社

クラシエフーズ株式会社

ハーゲンダッツ ジャパン株式会社

フタバ食品株式会社

丸永製菓株式会社

株式会社明治

森永製菓株式会社

森永乳業株式会社

株式会社ロッテアイス

一般社団法人日本アイスクリーム協会

［著者］
新井範子（あらいのりこ）
上智大学経済学部経営学科教授　博士（経営学）。
慶應義塾大学大学院社会学研究科修了。インターネットやアプリを使ったデジタルなマーケティング、デジタル空間での消費者行動やブランディッド・エンターテイメントを中心に研究をしている。著書に『みんな力』（東洋経済新報社）、『創発するマーケティング』（日経BP企画）など。

変革のアイスクリーム

2015年 3 月19日　第 1 刷発行

著　者——新井範子
発　売——ダイヤモンド社
〒150-8409　東京都渋谷区神宮前6-12-17
http://www.diamond.co.jp/
販売　TEL03･5778･7240
発行所——ダイヤモンド・フリードマン社
〒101-0051　東京都千代田区神田神保町1-6-1
http://www.dfonline.jp/
編集　TEL03･5259･5922
装丁————荒井雅美（トモエキコウ）
本文デザイン･DTP—松﨑 稔
印刷･製本･進行—ダイヤモンド・グラフィック社
編集協力——佐藤倫朗、菊池 浩（デナリパブリッシング）、
志澤秀一（文化計画）、三股 理
編集担当——阿部美弘

ISBN 978-4-478-09042-8